메타버스의 시대

元宇宙新经济

〔韩〕李时韩（이시한） 著

王家义 译

中国出版集团
中译出版社

图书在版编目（CIP）数据

元宇宙新经济 /（韩）李时韩著；王家义译 . —北京：中译出版社，2022.1

ISBN 978-7-5001-6854-6

Ⅰ. ①元… Ⅱ. ①李… ②王… Ⅲ. ①信息经济 Ⅳ. ①F49

中国版本图书馆 CIP 数据核字（2021）第 248714 号

메타버스의 시대
Copyright 2021 by 李时韩
All rights reserved.
Simplified Chinese copyright by China Translation & Publishing House
Simplified Chinese language edition is published by arrangement with
DASAN BOOKS CO., LTD
through 連亞國際文化傳播公司

版权登记号：01-2021-6450

出版发行	中译出版社
地　　址	北京市西城区普天德胜大厦主楼 4 楼
电　　话	（010）68359101　　（010）68357328
邮　　编	100088
电子邮箱	book@ctph.com.cn
网　　址	http://www.ctph.com.cn
出 版 人	乔卫兵
策划编辑	郭宇佳
责任编辑	郭宇佳
文字编辑	马雨晨
版权支持	马燕琦　王立萌
排　　版	北京竹页文化传媒有限公司
印　　刷	北京顶佳世纪印刷有限公司
经　　销	新华书店
规　　格	710 毫米 ×1000 毫米　1/16
印　　张	15.75
字　　数	184 千字
版　　次	2022 年 1 月第一版
印　　次	2022 年 1 月第一次

ISBN 978-7-5001-6854-6　定价：68.00 元

版权所有　侵权必究
中译出版社

序 言

在走进元宇宙之前

我在"纳瓦"[1]（Naver）的商业专栏节目《李时韩正午之约》做了将近一年的现场直播，每周都会采访一位来自不同商业领域的顶尖专家。每每叹服于专家惊人洞察力的同时，我也获取了各个行业内最新的信息情报。目前，这个被称作"元宇宙"（Metaverse）的关键词，几乎与世界上所有的问题都有关联。

元宇宙这个崭新的概念，通过电影《头号玩家》（*Ready Player One*）开始为人所知；但对大众来讲，多少还是有些陌生。从第一批"发烧友"（Fancier）议论元宇宙开始，商界就敏锐地预测到了元宇宙的无限可能性，看到了它的未来。我也是关心元宇宙的一员，在查找海量资料后，我确信元宇宙会是智能手机之后影响力最大的革命。

元宇宙是场革命。工业革命之后，对我们人类来说可被称为革命的事件有两场：互联网革命和智能手机革命。在互联网革命之前，电脑虽然已经普及，但主要用于游戏娱乐和处理文字，用途有限；而随

---

1 本书中部分外语词暂无官方中文译名，由本书译者、编者翻译。——编者注

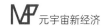

着万维网（World Wide Web，简称WWW或Web）的出现，基于互联网的商业模式和生活模式开始发生巨大变化。智能手机刚出现时，给人的感觉也不过只是"一部能玩游戏的电话"而已，但仅通过10余年的时间，就已经颠覆了人们的生活。这两场革命的共同推动力不仅仅是技术发展和时代变化，在它们的根源中，还隐含着戏剧性的、改变人类连接方式的根本变化。从这个意义层面而言，元宇宙确实是一场革命，它将全面地、划时代地改变我们的人生轨迹和生活方式。

但元宇宙并不完全是新技术。我们已经创造出了主打生活概念的线上游戏平台"第二人生"（Second Life），开发出了类似于增强现实（Augmented Reality，简称AR）和虚拟现实（Virtual Reality，简称VR）的技术，构建出了连接全世界用户的社交网络服务（Social Networking Services，简称SNS）……所有这些加在一起，形成了一种爆炸式的存在，如同苹果智能手机（iPhone）的出现一样。史蒂夫·乔布斯（Steve Jobs）将苹果智能手机定义为"电话的再发明"，而没有定义为"一种划时代的技术革命"。在第一次向全世界展示苹果智能手机的发布会上，乔布斯用一张表示"电话机+便携式数字多媒体播放器+互联网装置之结合"的图片来介绍这种手机的形态。智能手机以现有技术与新技术结合的方式，创造出了爆炸式的效果，不仅戏剧性地改变了人们的生活方式，也几乎成了支撑所有成功商业活动的主流设备。

需要明确的是，智能手机自出现伊始，尽管历经多次革新，却并未成为彻底区别于以往的新设备。智能手机以我们肉眼可见的速度在发展，运转速度在提高，外观越来越时尚，摄像头性能也产生了质的变化。但从本质来看，当下最新的智能手机依然没有完全脱离10多年前智能手机的结构与设计。

既然智能手机没有超越自己,那么它超越的是什么?答案是:在过去的10多年里,智能手机改变的是这个世界。智能手机技术改变了人与人连接的方式,从而重构了人类的生活方式,这就是智能手机开创的变革核心。事实也恰恰如同验证这个结论似的:智能手机革命后,最引起人们重视的并不是技术,而是人文科学,社会上刮起了一股"人文科学热"——因为智能手机革命的核心不是技术,而是人,是人与人之间的连接。

现在有一种仅从技术或商业角度来研究元宇宙的倾向。但是,元宇宙的爆炸力或许并不局限于技术和商业层面,而更在于:它将再一次划时代地改变自智能手机时代起固定下来的、人类间的连接方式。如果说智能手机创造了一个无论何时何地都可与他人相连的世界,那么元宇宙创造的则是一个随时随地都可与他人心灵相连的世界,摆脱了物理限制的会面将会是丰富多彩的。

元宇宙改变了人与人的连接方式,也改变了人们存在的形式。从肉体接触这一人类关系的基本前提中"分离"出肉体,转变为精神层面的相遇。这打破了人们对于"会面"所持有的固有观念,是思维方式的革命性转变。

从这一意义层面来讲,如果要准确预测元宇宙的爆炸力量和爆发潜力,就应该在技术知识和商业思想之上,加以人文科学的视角。如果仅从技术层面来研究元宇宙,我们或许只能讨论诸如元宇宙与游戏的不同点、虚拟现实能够变化的条件等浅层面的话题;如果仅从商业层面来研究元宇宙,我们可能只会谈论如何理解"非同质化代币"(Non-Fungible Token,简称NFT)、如何将道具变成金钱等具体问题;

但如果从人文科学视角来研究元宇宙，我们就能探讨元宇宙如何改变人与人之间的连接方式和沟通方式，唯有如此，我们才能看到技术与金钱的宏观基本流向。例如，曾经很多人担心聊天软件"卡考说"（Kakao Talk）的免费使用会影响卡考（Kakao）公司的收益，但事实证明，"卡考说"现已成为人们沟通的媒介，卡考公司也成长为全球性企业。

如果在人文科学视域下观察元宇宙，我们可以通过思考以下问题，划分出标准：元宇宙改变的连接方式对人类而言具有何种意义、如何改变人类存在的状态？个人如何适应元宇宙新经济时代、如何利用元宇宙以及如何在元宇宙新经济时代获得成功？

对于准备将元宇宙应用于商业活动的人来说，也是如此。只有深入思考元宇宙对人类有何意义、如何加以利用，才能真正掌握人们在元宇宙新经济时代的需求，更好地设计元宇宙商业结构。正如线上顾客与线下顾客的行动模型和购买点不同、进入网络与进入应用程序（Application，简称APP）的顾客需求和习惯不同，同理，只有掌握元宇宙新经济时代顾客的需求，才能开展与之相应的商业活动。我们应该如何分析元宇宙新经济时代的顾客呢？进入元宇宙的顾客，就好比刚刚登陆地球的"外星人"：首先，我们会疑惑和探究外星人是一种怎样的生物体；其次，我们会担心外星人是否有可以兑换的货币进行交易。事实上，目前在元宇宙经济中处于领先地位的企业，在很早之前就开始关注"生活在元宇宙新经济时代的人类是怎样一种存在"这个议题了。

如果你还没有开始关心这些更深维度的议题，我希望这本书能带你了解与审视即将生活在元宇宙新经济时代的自己。这将成为你畅想未来的一个契机：元宇宙究竟描绘了怎样一种世界图景？人类如果想在元宇宙新经济时代更好地生存与生活，需要做好哪些准备？

本书思考了人们应该如何适应元宇宙新经济时代并取得成功，由以下章节构成：第一章，我们将探讨元宇宙的基本概念；第二章，我将构成元宇宙差异化的特征归纳为7个关键词；在第三章和第四章中，我援引了各行各业丰富的先进事例，以阐释元宇宙的经济创造与商业走向；在第五章中，我将从企业主旨、组织形式、领导者等角度讲述如何打造元宇宙企业；第六章，我们可以一同思考关于"如何生活在元宇宙新经济时代，成为更好的元宇宙原住民"这一有趣的议题。

在撰写本书的过程中，我掉入了由现实与幻想构筑的、以元宇宙为核心词的旋涡，仿佛真的乘坐时光机进入了由元宇宙创造出的未来世界。我的鼻翼上宛如架有一台安装了"元宇宙滤光片"的增强现实护目镜：目光所及之处，都是元宇宙的未来面貌；身之所至之处，都是元宇宙的适用形态。

人们常说机会就隐藏在拐点。当巨大趋势改变产业方向之时，新的机会也会出现在眼前。很多人在扑面而来的元宇宙热潮中感知到了变化的气息，所以对元宇宙给予了极大关注。但新的机会往往也意味着很难预测未来的变化方向，所以当机会摆在眼前的时候，很多人只停留在"感兴趣"的层面，能够真正洞察机会并紧紧抓住机会的人凤毛麟角。

如果从过去10多年技术和世界的发展速度，及由此带来的商业活动演化和短时财富集聚的进程来看，我们有充足的理由来关注初期寻找到的机会。智能手机上市不过10余年，"手机智人"（Phono

Sapiens）、"智能手机原住民"（Smartphone Native）等概念就已经被创造出来，用来指代将智能手机用作身体一部分的人。当前，人们对元宇宙的探索尚处于初期阶段，如果有意识地努力尝试，一旦元宇宙时代真正到来，我们都可以成为开拓元宇宙并保持领先地位的"元住民"（元宇宙原住民），共同接管未来的元宇宙世界，会极大提高人们在元宇宙新经济时代成功的可能。

我希望阅读本书的读者朋友们，可以加深对元宇宙的理解，预测元宇宙的商业发展趋势，学习在元宇宙新经济时代更好的生存手段。希望我们每个人都能进一步熟悉成为"元住民"的方法，抓住此刻正展现在我们眼前的、属于元宇宙新经济时代的无限机遇。

目录

第一章 核心与边界：元宇宙的黄金时代

1. 元宇宙的定义 　　　　　　　　　　003
2. 元宇宙的边界 　　　　　　　　　　010
3. 影视作品中的元宇宙 　　　　　　　022
4. 预测未来元宇宙 　　　　　　　　　030

第二章 METAPIA：元宇宙的 7 大特征

1. 多元虚拟形象 　　　　　　　　　　046
2. 扩展经济 　　　　　　　　　　　　051
3. 双向互动性 　　　　　　　　　　　057
4. 匿名性 　　　　　　　　　　　　　061
5. 任务制 　　　　　　　　　　　　　065
6. 类似现实 　　　　　　　　　　　　069
7. 同时性 　　　　　　　　　　　　　072

第三章　经济创造：元宇宙中的投资机遇

1. 虚拟形象商品交易　　　　　　　　082
2. 虚拟店铺与空间使用费　　　　　　087
3. 连接虚拟与现实的广告及营销　　　094
4. 虚拟房地产交易　　　　　　　　　105
5. 来自虚拟货币的挑战　　　　　　　110
6. 非同质化代币交易　　　　　　　　119

第四章　商业走向：元宇宙中的行业机遇

1. 虚拟课堂与非接触式教育　　　　　127
2. 虚拟办公室与居家办公　　　　　　139
3. 重新定义连接的方式　　　　　　　146
4. 制造业与建筑业的创新　　　　　　159
5. 无限扩展的元宇宙商业　　　　　　165

第五章　颠覆想象：如何打造元宇宙企业

1. 元宇宙人文科学　　　　　　　　　175
2. 打造"梅塔松"式的敏捷组织　　　180
3. 决策者需要颠覆性革新　　　　　　187
4. 打造公正、透明的元宇宙规则　　　191

第六章 "元住民":元宇宙新经济时代的探险家

1. 元宇宙"边疆人" 201
2. 元宇宙"咖啡馆" 209
3. 规则"逆行者" 219
4. 胜利属于"适应者"而非"征服者" 227

后 记 235
附 表 238

1

元宇宙的定义

元宇宙与虚拟现实

在门户网站中检索"元宇宙",可见定义如下:"'元宇宙'(Metaverse)是由表示虚拟、抽象的'超越'(Meta)与表示现实世界的'宇宙'(Universe)组成的合成词。"目前,大多数报道元宇宙相关新闻的媒体都在使用这一定义。不过,对于大众来说,元宇宙仍然是一个很陌生的概念。

基于前述定义的广泛使用,人们在不知不觉中形成了"元宇宙即虚拟现实"的认知。虽然有一定道理,但从严格意义上讲,"虚拟现实"还有另外的内涵与外延:虚拟现实是一种人机交互方式,利用电子设备创造的特定环境和状况,能够让使用者有"与实际的周边环境相互作用"之感。所以虚拟现实是一种技术,就像电影《黑客帝国》(*The Matrix*)中,人们在虚拟世界与现实世界中的感觉基本无二。

如此看来，虚拟现实只是元宇宙的一个支流，而并非元宇宙本身。这也正是我们要用比前述定义更宽泛的内涵来理解元宇宙的原因。首先，不能单纯用"虚拟"来理解"Meta"。"Meta"源于表示"之间，后"的希腊语"μετα"的前缀。因此，"Meta"不是"虚拟"的意思，而应理解为"更高""超越""上位"之意。

"元认知"（Metacognition）是指"对认识的认知""对思考的思考"，是存在于认识之上的、最全面的认识。"元数据"（Metadata）则是用来说明其他数据的数据，可以说是"对数据进行的结构化数据"。因此，如果从"元"的本来用法来思考元宇宙，可以说元宇宙是"宇宙的宇宙""世界观的世界观"，是一个存在于超越宇宙的上位概念的整体宇宙。

在我看来，对元宇宙的严谨定义并非特别重要。元宇宙本身并不是从学问研究中产生的概念，而是尼尔·斯蒂芬森（Neal Stephenson）[1]于1992年在其科幻小说《雪崩》（*Snow Crash*）中创造的一个词。当然，这并非科技用语首次从科幻小说中产生。"机器人"这个词，也是由捷克剧作家卡雷尔·恰佩克（Karel Čapek）于1921年首次在舞台剧《罗素姆的万能机器人》（*Rossum's Universal Robots*）[2]中使用的。

---

1 尼尔·斯蒂芬森（1959—）：美国著名赛博朋克流科幻小说家。尼尔·斯蒂芬森被公认为"元宇宙"的正式提出者。他在20世纪90年代的畅销小说《雪崩》中发明了"Metaverse"一词。在那部小说中，元宇宙是一个始终在线的虚拟世界，而名为"阿弘"的主角穿行其中。——编者注

2 剧中的捷克语"Robota"一词被用来形容一种经过生物零部件组装而成的生化人——为人类服务的奴隶。这个词后来演化成"Robot"，成为人造人、机器人的代名词。——编者注

第一章 核心与边界：元宇宙的黄金时代

美国石英财经网站（Quartz）是这样描述元宇宙的："如果说当代互联网体验是二维的，即你可以在屏幕上滚动浏览它，那么元宇宙就是三维的。你将通过联网的头戴设备或眼镜在其中'行走'。目前尚不清楚会有一个元宇宙还是多个不同的元宇宙（或者是否真的会有任何元宇宙），但唯一不变的似乎是，元宇宙是互联网的下一代沉浸式版本，很可能会由虚拟现实或增强现实技术来实现。风险投资家马修·鲍尔（Matthew Ball）关于元宇宙的文章影响了马克·扎克伯格（Mark Elliot Zuckerberg），鲍尔将元宇宙描述为'移动互联网的后继形态'和'整个人类休闲、劳动和生存的平台'。"[1]

维基百科是这样介绍元宇宙的："元宇宙包括所有的虚拟现实、增强现实以及互联网的结合，是强化的物理性现实与物理性持续的虚拟空间相结合，而被创造出的集团性虚拟共享空间。"

这里的"元"可以理解为"超越"（beyond）。简单地把元宇宙定义为虚拟现实，实际上是缩小了元宇宙的内涵，很可能一不小心就错过了元宇宙的可能性、扩展性和本质的变化。

如果将元宇宙想象成三维虚拟现实，那么我们生活的空间将只能被划分为"现实"和"虚拟现实"。纵然有不同维度的宇宙，也都只是汇聚成不真实的事物。"现实"和"虚拟现实"的区分，带来了"现实和虚幻"的二分思维。这种感觉让我们更易混淆"现实"与"虚幻"，因此，我们必须意识到"现实"的标准是多么重要。

---

[1] 斯科特·诺弗."元宇宙"词典［N］.参考消息，2021-11-19(11).——编者注

| 现实 | ： | 虚拟现实（宇宙1、宇宙2、宇宙3……） |

图1-1 "现实和虚拟现实的二分思维"示意图

如果我们将"元"理解为"上层"的概念，那么我们生存的现实算是无穷个宇宙中的一个。在数字世界中，可以建立多个与现实相等的同层级宇宙。有一种看法认为，这种宇宙可以包含它的上层宇宙。在这种情况下，"现实"只是众多宇宙中的一个。当其他宇宙与"现实"处于平等地位时，它可以说是一个真正的元宇宙，我们的生活和娱乐都存在于此。

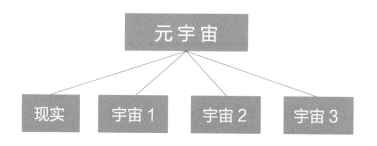

图1-2 "现实是元宇宙中诸多宇宙之一"示意图

涵盖了包括现实在内的多个宇宙的"超然概念"就是所谓的元宇宙。我们可以创造无数个新宇宙，这些宇宙又成了与我们生存的现实处于同等地位的宇宙。从这种观点来看，"现实"只是我们可选择的各种宇宙之一。

第一章 核心与边界：元宇宙的黄金时代

如此一来，对元宇宙不同概念的理解会产生极大差别。这对于正在思考今后如何适应元宇宙、如何在生活中应用元宇宙的我们来说，就会产生完全不同的判断。

庄子是道家的代表人物，"庄周梦蝶"的故事很有名。《庄子·齐物论》中写道："昔者庄周梦为胡蝶，栩栩然胡蝶也，自喻适志与！不知周也。俄然觉，则蘧蘧然周也。不知周之梦为胡蝶与？胡蝶之梦为周与？周与胡蝶则必有分矣。此之谓物化。"未来，这个故事将成为元宇宙的主题。"元宇宙中的我是我，正是现实中的我是我。"如果用二分法来理解元宇宙，阐明哪一个是现实是相当重要的。无论如何，"脚踏实地"很重要。因为虚拟只是虚拟，并不参与和干预现实。

如果说，元宇宙并不适用于"现实和非现实"的二分法概念，只是诸多同层级宇宙罗列后的总称，那就没有必要进行区分了。在"庄周梦蝶"式的生活里，你只需将自己更喜欢的生活设定为主场景，让自己成为那里的主角。由此，现实也不过是自己选择的诸多宇宙中的一个。

在这方面还有一些有趣的话题值得探讨。听说过元宇宙这个概念的人很多，能准确回答元宇宙是什么的人却很少。有的人认为元宇宙是一个平台，就像"谷歌"（Google）、"脸书"（Facebook）的存在一样。与众所周知的概念相比，元宇宙就像社交网络服务或互联网一样，是一个涵盖具体形态和多种服务的、抽象的、属于上层结构的概念范畴。如同脸书属于社交网络服务一样，《崽崽》（Zepeto）、《罗布乐思》（Roblox）、《地平线》（Horizon）等由游戏衍生出的单个元宇宙都是属于宏观元宇宙中的某一类宇宙。所以在预测元宇宙时，我们不说它将替代脸书或是取代互联网本身。

所有人都进入单一元宇宙的状况很难实现，除非像电影《黑客帝国》一样，机器将人类全部关入一个叫"地球"的元宇宙并强制运行。元宇宙可以广义地理解为一个通用术语，指包括现实在内的各种宇宙共存的状态，但现在我们通常会缩小它的外延，主要用来指代单个元宇宙。如"脸萌"（MYOTee）、"罗布乐思"等个别平台，我们就可以称其为一个元宇宙。所以，元宇宙可以被解读为一个三维虚拟现实空间，大部分人可能也习惯于这样理解。

但是，如果我们更严谨地定义，也可以称之为"超空间""超现实"或是"超世界"。元宇宙最合适的定义，可能是"开展社会、文化、经济活动的超空间（现实或世界）"。

即使没有下辈子，也可有第二人生

人们常有一种自嘲式的表述："这辈子算完了。"这句话暗藏了很巧妙的构思：说这句话的前提是还有下辈子。但是很可惜，以科学的视角，我们并没有下辈子。所以如果真的放弃了，我们的人生也就结束了。

且慢！不要失望得太早，我们还有元宇宙。元宇宙当然不能让"下辈子"成为可能，可元宇宙能让"不一样的人生"成为可能。不是"这次和下次"的区分，而是"这里和那里"的差别。元宇宙可让人们在"此时此地"的现实中所享受的生活，在不同的环境条件下也得以实现。

在元宇宙世界，退出一个叫作"现实"的宇宙，还可以转而登陆

第一章 核心与边界：元宇宙的黄金时代

其他的宇宙。如果我们在某一个宇宙的生活不合意的话，就可以进入一个新世界，实现新的人生价值；如果对新登陆的宇宙感到失望，也可以用新账号重新启动原来的宇宙。看上去元宇宙的世界似乎与游戏世界毫无二致，但事实上，元宇宙具有与游戏完全不同的特征。

我们在谈及现实生活时，最根本的前提是肉体的存在和经济活动的功能。简单来说，产生"赚钱、吃饭"等行为的环境就叫"现实"。单纯花费很多时间，并不能成为现实。夜以继日地游戏会导致现实世界里肉体的死亡，随之而来的就是对"通过游戏逃避现实"行为的警告。

元宇宙虽不能创造出停留在元宇宙里人的肉体，但可以实现经济活动的功能。如果在元宇宙内进行广告和营销，教育、表演、展览和论坛等活动都可以在元宇宙内实现；如果虚拟办公室被激活，更多的人将通过元宇宙来办公。元宇宙将接替现实，成为"经济活动"的主要开展空间。专家们指出，"经济活动"是元宇宙的核心。

当我们这样来认识元宇宙的时候，元宇宙就不单是一种"现实的替代方案"，而是"又一个现实"。现实的内涵被分为"存在"和"活动"两部分。元宇宙在发展精神活动层面将比现实更具优势。

总而言之，元宇宙是与现实有同等意义的一种宇宙共存的状态。个体宇宙虽然也可以叫元宇宙（很多时候是为了方便才如此称呼），但从原理上讲，我们最好在"多宇宙"（Multi-universe）的基础上来认知元宇宙。

2

元宇宙的边界

元宇宙的 4 种分类是否恰当

对于元宇宙的认识,从学术层面看,目前还没有达成一致意见;从社会层面看,对元宇宙的分类也没有取得统一标准。元宇宙的边界到底在哪里?你可以随时对此发起争论。如果仅以虚拟现实的标准来看,我们可将宗教中的"天国"概念看作一种元宇宙。从狭义上讲,穿着头戴式显示装置(Head-Mounted Display,简称HMD)进入的、沉浸感很强的三维虚拟数字世界可以被看作元宇宙;从广义上讲,在社交网络服务平台上构建的布告栏也可以被看作元宇宙,因为你已经建立了自己的宇宙。

言及此处,让我们来整理一下常用的术语[1]。

---

[1] 斯科特·诺弗. "元宇宙"词典[N]. 参考消息,2021-11-19(11). ——编者注

虚拟现实（Virtual Reality，简称VR）：VR是一种沉浸式体验，人们戴上头戴设备，能够看到数字世界并在其中操作。VR目前使用的是全套头戴设备而不是眼镜，让使用者沉浸在360°的虚拟世界中并能够在其中四处活动——只要他们不撞到现实世界中的墙壁。

增强现实（Augmented Reality，简称AR）：AR是投射在现实世界上的数字叠加。不妨想想《宝可梦GO》（*Pokémon Go*）游戏和"色拉布"（Snapchat，也称阅后即焚）程序中"跳舞的热狗"，甚至是像谷歌眼镜那样的可穿戴设备。尽管谷歌眼镜并未流行起来，但我们可能很快就会透过与AR相关的眼镜向外窥视，比如脸书的"雷朋智能眼镜"（Stories）或色拉布的"照相眼镜"（Spectacles）。

混合现实（Mixed Reality，简称MR）：MR包含了VR和AR的元素，但其确切定义是模糊的。此技术集合了虚拟现实的沉浸感和增强现实与现实联系的优点，人们可以与虚拟和现实世界的事物互动，而虚拟事物也可以与现实世界的事物互动。例如，色拉布中的"热狗"形象可以在桌子上跳舞而不会掉下来。无论是电影《少数派报告》（*Minority Report*）中，汤姆·克鲁斯（Tom Cruise）在没有键盘和鼠标的情况下仅戴着特殊的手套操作电脑的场面；还是《钢铁侠》（*Iron Man*）中，小罗伯特·唐尼（Robert Downey Jr.）用手势操作悬空的草图并进行设计的场景，都是混合现实的例子。

扩展现实（Extended Reality，简称XR）：XR是VR、AR、MR等经常互相重叠的概念的统称。最终，随着元宇宙成为现实，VR、AR和MR之间的界线可能会变得模糊，使XR成为一个更合适的称谓。

替代现实（Substitutional Reality，简称SR）：SR指代混合现在

和过去的影像，打造实际不存在的人物或事件，让使用者将虚拟空间错认为实际空间的一种技术。这种技术的重要特征在于像虚拟现实和增强现实一样不使用硬件设备。如电影《盗梦空间》（Inception）中的场景，给睡眠中的人脑以刺激，让人做梦，也可伪造记忆。

应该如何制定元宇宙的分类标准呢？近期，有一种观点倾向于遵循未来加速研究基金会的标准。"未来加速研究基金会"（Acceleration Studies Foundation，简称ASF）是一家非营利性技术研究团体，主要开展可扩展元宇宙范围的研究。但"ASF标准"是该研究团体在2007年提出的，并非绝对标准。当时别说是元宇宙，智能手机也尚未普及。在这种条件下制定出的元宇宙分类沿袭到现在，就如同开化期[1]遵守的贸易法适用于现在一样。但我们需要了解这个标准，仔细分析元宇宙概念，重新思考如何让这个标准与今天的实际情况相符。

我不同意"ASF标准"是解释元宇宙有效工具的观点，相比无条件地接受以某种理论或假设来说明的单纯公式，严谨的研究态度更为重要。这个标准多少有些牵强附会。

"ASF标准"根据打造元宇宙的技术将元宇宙分为两类，一类是基于现实空间形成的，一类是基于虚拟空间形成的。此外，该标准根据打造元宇宙的技术是与使用者建立关系，还是与使用者外部环境建立关系，将元宇宙又分为两类。由此派生出元宇宙的4种分类假说，如下图所示。

---

1 开化期：指20世纪初期。——编者注

```
           增　强
    ┌─────────────┬─────────────┐
外  │   增强现实   │   生活记录   │  私
部  ├─────────────┼─────────────┤  人
的  │   镜像世界   │   虚拟世界   │  的
    └─────────────┴─────────────┘
           模　拟
```

图 1-3 "元宇宙的 4 种分类假说"示意图

一方面,"私人的"(intimate)和"外部的"(external)的区分是由自我认同和行为来决定的。"私人的"是指线上装扮虚拟化身或是公开生活情况的行为,"外部的"是指打造的外部环境。

另一方面,元宇宙打造技术根据"增强"(augmentation)还是"模拟"(simulation)加以区分。"增强"是指在现实之上叠加虚拟,"模拟"则指所有环境都是虚拟的。例如,在电影中,我们能看出动画是与现实合成的,还是仅用动画来体现的。电影《超级英雄》(*Super Hero*)也是实际拍摄后,再辅以电脑特效来完成的。这就是在现实基础上堆积新信息的"增强现实"。与此相反,也有一些电影只用动画来制作,例如《玩具总动员》(*Toy Story*),这种电影强调的是模拟的"虚拟现实"。

▎生活记录

生活记录可以看作同时建立在私人和现实上的元宇宙。"生活记录"(Lifelogging)是"生活"(Life)和"写博客"(Blogging)的合成词。"博客"（Blog）是"网络日志"（Web Log）的缩略词，1997年首次在美国出现，是一个发表个人见解、共享照片、记录日常生活的个人社区，也是个人媒体的一种表现形式。生活记录的核心是整理、展示个人记录，并通过这种方式与他人进行沟通。

生活记录是指记录、共享自己的生活。生活记录的形式大致可分为"主体被记录"和"主体直接记录"两大类。"主体被记录"是指人们穿戴相关设备，可共享心脏跳动次数、每日行走步数等。主体直接记录的事件也不一而足，包括在"脸书""照片墙"（Instagram）、"抖音"（TikTok）等社交网络服务平台上留下记录并与网友共享。以这种方式形成的世界，是与现实稍有区别的"相似现实"。

将元宇宙的概念扩展到这一点是值得怀疑的。如果脸书是一个元宇宙，则意味着每个拥有脸书账户的人都已参与元宇宙。考虑到当前技术、社会的发展状况，仅通过生活记录就将其定义为元宇宙是不合理的。

▎增强现实

增强现实基于现实，但通过外部交互构建而成。有一项在智能手机时代早期就已经实现的技术，即用智能手机的镜头照照天空，手机屏幕上就可以显示当天的天气和温度。

另一个可以说明增强现实的例子是安蒂克公司（Niantic）的《宝可梦GO》游戏。在这个增强现实的游戏中，人们用智能手机对着某个地点扫描，就可以"捕获"出现在那里的、可爱的神奇宝贝角色。

增强现实的无限可能性引来了脸书和谷歌的极大关注。如果智能眼镜等AR设备使用得当，在游戏之外，增强现实的现实应用也将更

第一章　核心与边界：元宇宙的黄金时代

图 1-4　《宝可梦 Go》游戏官方宣传图
（图源：《宝可梦 Go》官网）

加丰富多彩。例如，我们到棒球场去看比赛，如果戴着智能眼镜观察选手，眼前就会浮现出这个选手的击球率和防守率。我们不仅能知道选手性别，还可以通过眼镜了解这个选手的故事，观看比赛会更有意思。再比如，我们去市场上买白菜，戴着智能眼镜时，价格就会被标出，我们可以及时与在互联网订购时的价格进行比较，判断价格高低。这种场景就是增强现实在实际生活中应用的例子。

如果合适的软件和设备能够成功商业化，增强现实就可以被爆炸式地普及开来。有一种观点认为，增强现实比虚拟现实更容易成为元宇宙的主流。然而，就经济价值而言，增强现实很难取得像虚拟现实那样的成果。

在体验虚拟现实的时候，我们可以轻易地预估支付费用、产生交易等情况。这里指的是购买虚拟化身的费用、空间使用费等。若打造一个新世界，商业应用的空间会很大。在现实世界内插入数字要素打造增强现实时，购买与交易就有所限制。例如，在虚拟现实打造的虚拟世界中举办音乐会，人们需要付费来参加这个虚拟世界的活动；但以增强现实的方式产生的数字化歌手举办音乐会的话，来参加音乐会的用户就不太愿意交费。

增强现实的传播速度可能比虚拟现实更快,但就商业价值而言,构建虚拟现实并让用户登录似乎更有价值。

▎镜像世界

"镜像世界"(Mirrorworld)是现实世界的数字版本,现实生活中的人、地点和事在数字世界中都有对应的虚拟形态。镜像世界经常出现在科幻作品中,包括美国奈飞(Netflix)公司出品的剧集《怪奇物语》(Stranger Things)、美国华纳兄弟影业(Warner Bros.)发行的系列电影《黑客帝国》以及小说、电影《头号玩家》。元宇宙可以是一个被设计成精确映射实体世界的镜像世界,也可以是一个类似于我们在电子游戏中可能遇到的凭空创造出来的世界。[1]

镜像世界意味着将现实世界原样复制到虚拟世界中。但如果仅满足于复制现实,没有太大的意义,所以要在里边多少叠加一些新信息。

美国的"兹洛"(Zillow)平台提供卫星街道地图服务,堪称"美国房地产行业的亚马逊(Amazon)"。人们使用该程序时,不仅能从卫星上看到街道,还能了解地图上出现的房屋的交易价格,实时比较分析房地产交易情况。这款软件基于人们所了解的现实世界,叠加了服务信息。

"优步"(Uber)、"爱彼迎"(Airbnb)、"外卖族"(Woowa Bros)等服务也都是基于镜像世界设计的。作为打开元宇宙新世界的方式之一,这些服务引人注目。但仅镜像世界本身能看作元宇宙吗?虽说在

---

[1] 斯科特·诺弗. "元宇宙"词典 [N]. 参考消息, 2021-11-19(11). ——编者注

现实之上叠加了信息，创造出了不一样的现实，但在这里并没有产生个人的活动、关系、经济等行为。因此，镜像世界能否归为元宇宙尚存疑点。

简单来说，外卖服务是商业中介将消费者与餐饮店联系起来并从中获利的一种结构，成员间没有产生直接的经济活动。没人会反对外卖服务是一类移动互联网服务的说法，但如果说它是一种元宇宙活动，则多少有些牵强。

图 1-5　美国线上房地产服务平台"Zillow"

（图源：Zillow 官网）

▎虚拟世界

"虚拟世界"是人们在谈论元宇宙时经常提及的一个名词，它强调在数字领域创建一个与现实不一样的世界，在这个新世界内体现与现实相似或是替代性的世界观。例如，游戏《第二人生》（*Second Life*）可以说是虚拟世界技术发展的初期模型。《第二人生》代表了线上三维虚拟世界，在这里的每一个用户都如同活在现实世界中一样，可开展生产、消费和社交活动。同样，沙盒游戏《罗布乐思》也属于虚拟世界类游戏。

游戏本来就具有虚拟世界的特征，也拥有各自独特的世界观。所以射击类游戏《堡垒之夜》(*Fortnite*)并未止步于游戏，而是努力构筑元宇宙的世界，在平台上与著名歌手合作举办音乐会，与服饰专业企业建立协作关系等。既然已经建立了用户和世界观，那么建立一个元宇宙会更加容易。

▎一体化

前述元宇宙的 4 种分类是为了接纳初期元宇宙。迄今为止，我们看到这些分类的界线正在逐渐消失。总之，元宇宙将 4 种类型一体化、综合化才是将来最可能的发展趋势。

例如，假设我们根据真实的自己打造了一个虚拟的化身（通常这个虚拟的化身要比现实中更好看），然后将该化身送入具有社会性、经济性互动的虚拟世界。那么在创建虚拟化身时，就会用到增强现实技术。

在这个虚拟世界里，我们拥有自己的家和办公室。这个空间虽是基于现实设计的，但这里的物理法则与现实是不同的。例如，某人在纽约高层大厦中工作，上午在纽约上班，下午的会议可能就在首尔的乐天世界塔中举行，虚拟世界就这样嫁接到了镜像世界。我们也可以根据自己的选择，记录或共享在虚拟空间中所做的事情，这就是生活记录的原理。与其说生活记录和镜像世界是单独的元宇宙，不如说它们以与增强现实和虚拟世界相结合的方式，成为元宇

图 1-6　用 3D 虚拟化身与别人沟通、体验丰富多彩人生的虚拟世界平台"崽崽"
（图源：App Store）

宙的构成要素。元宇宙不仅仅是故事，只有以能让人们立体地体验这些故事的技术作为后盾，才能进一步提高沉浸感。就结果而言，还是需要虚拟现实或是增强现实来实现。

　　元宇宙的终极形态将会用到这 4 种分类。到那时，就会诞生一个适用新法则的宇宙，如同在地球上出生、在现实世界生活一样。尽管纳瓦公司的"崽崽"呈现的内容有限，但它是综合应用了增强现实、生活记录和虚拟现实的一种复合案例。

元宇宙的核心是经济活动

如果滥用元宇宙这个关键词，那么其有效期可能会变得很短，并非所有事情都可以被称为元宇宙。

2016年，韩国九段棋手李世石被谷歌公司"深度思考"（DeepMind）创造的人工智能"阿尔法狗"（AlphaGo）打败，韩国民众开始以近乎恐惧的心情讨论第四次工业革命。很多论坛和演讲中，开头都要加上"第四次产业革命时代"，几乎所有产业都准备与第四次产业革命挂钩。那时候甚至摊一张饼，"也都要与第四次产业革命步调一致"。但是"第四次产业革命"的内涵尚不明确，外延过于宽泛，人们对其有无实质定义争论不休。

"什么都适合"就等于"什么都不适合"。事实证明，概念不清就不能长久盛行，当今"第四次产业革命"这个词语的使用频率骤降。

元宇宙也是这样，如果一切都可以被认作元宇宙，那么元宇宙这个词就没有实际意义。狂热支持元宇宙的人正试图将其应用到各个方面。他们在现实框架中套上不同的概念，将元宇宙塞进不同的地方并强行解释。例如，"社交网络服务也是一种元宇宙，因为它有独特的世界观"；把荒宅想象成鬼神出没的宅院或国家情报院秘密据点，也解释成一种元宇宙；更有甚者，将历史悠久的村落餐馆的创业故事也称作元宇宙。

虽然一边了解积淀在饮食中的有趣故事、一边品尝美食会别有一番风味，但如果大家都这样来使用元宇宙这个筐，当我们真正需要它的时候，可能就很难定义它了。不要把什么都贴上元宇宙的标签，而要对它进行具体分类和使用，尽量收窄其认知外延。

综上所述，元宇宙与其他概念的最大区别在于"经济活动"。达成去中心化的、个体比较自由的经济活动是元宇宙的重要组成因素，这也正是人们被元宇宙吸引的主要原因。

3

影视作品中的元宇宙

如果大家认为元宇宙的概念仍然很模糊,可以参考影视作品中想象的"元宇宙世界"。抽象地谈论还没有实现的事物是有局限性的。影视媒体一直起着引领技术发展的作用,因此影视作品中打造的"元宇宙世界"也具有一定参考价值。每部电影表现的元宇宙在其特征上小有差别,但在大框架上具有共性。因此本节中,将比较几部电影里的"元宇宙世界",旨在帮助读者理解未来的元宇宙。

《黑客帝国》(*The Matrix*,1999 年)

谈到终极的元宇宙,人们最先想起的便是《黑客帝国》。《黑客帝国》描绘了一个元宇宙成为现实的世界,整个人类族群都生活在元宇宙,甚至不知道他们生活在其中。这是一个以反乌托邦的方式呈现的"元宇宙世界"。

第一章 核心与边界：元宇宙的黄金时代

《黑客帝国》描绘了在机器支配的未来，人们成为机械能量消耗的来源。机器抹去了人们的记忆，让人们温顺地生活在虚拟的"黑客帝国"中。机器创建的"黑客帝国"设定为我们所生活的世界。某些人逃离了"黑客帝国"，组成一股抵抗势力，等待那个拯救人类的"他"的出现。抵抗势力中的"皮尔斯"白天是一名普通的公司职员，晚上就变身为黑客"尼奥"。将"尼奥"（NEO）名字的字母打乱重组，就成了"一"（ONE），暗示了他就是那个唯一可拯救地球的人。

结果，尼奥从虚拟世界中觉醒了，开始自由操纵"黑客帝国"。电影首次上映时，有的观众看到尼奥"复活"并飞上天，不禁哈哈大笑。但是，如果你了解元宇宙，再来观看《黑客帝国》的话，就能够清晰地理解它了。因为尼奥拥有了"元宇宙管理员"的能力，甚至可以修正元宇宙中的物理法则。

要理解这部电影的世界观，就需要理解让·鲍德里亚（Jean Baudrillard）[1]的《拟像与模拟》（*Simulacrum and Simulation*）。"拟像"（Simulacre）指所有客观存在的人为代替物；"模拟"（Simulation）指把客观存在转换成不是客观存在的派生真实。当然，代替真实的人造真实，"比真实更真实的真实"的拟像并不容易理解。

现在仅用"'黑客帝国'是元宇宙"这句话就能让很多人轻松理解这部耐人寻味的电影了。一方面，随着人们对元宇宙的理解加深，《黑客帝国》的世界观更容易被观众接受；另一方面，《黑客帝国》本身也大幅度地增进了人们对元宇宙的理解。

---

[1] 让·鲍德里亚：法国哲学家、现代社会思想家、后现代理论家。——编者注

《黑客帝国》中的元宇宙是一所监狱，它囚禁了人们的思想；是一针麻醉剂，让人们忘记了残酷的现实。但最大的问题是，人们没有权利选择这个元宇宙，只能将虚拟现实视为现实而生存，因此缺乏认知现实的能力。

《全面回忆》（*Total Recall*，1990年）

电影《全面回忆》改编自美国著名科幻小说作家菲利普·迪克（Philip K. Dick）的小说《用批发价销售记忆》（*We Can Remember It for You Wholesale*）。1990年，阿诺德·施瓦辛格（Arnold Schwarzenegger）作为主角出演了该电影（又名《宇宙威龙》）；2012年，科林·法瑞尔（Colin Farrell）、凯特·贝金赛尔（Kate Beckinsale）作为主演又进行了重拍。

《全面回忆》的故事始于2084年，当时在矿山工作的主人公奎德梦想去火星旅行。由于没钱去火星，一家名为"回忆"（Recall）的旅行社决定用种植火星之旅回忆的方式来代替火星之旅。正在植入记忆的奎德突然醒来，发现自己变成了火星独裁者考哈根的得力助手豪瑟，因反对考哈根的独裁而被抓获。删除记忆后，豪瑟被流放到地球，奎德也被迫卷入战争。之后，奎德与火星的抵抗势力联手，试图推翻独裁统治，但是最终被考哈根俘虏。出人意料的是，为了铲除反对势力，考哈根给豪瑟植入假的记忆，并把他派到对方阵营。豪瑟出色地扮演着双重间谍的角色，考哈根则准备为他找回豪瑟的记忆。奎德拒绝了这一切，与考哈根展开针锋相对的斗争，最后以将火星从独裁者手中解放出来而告终。

这个一再反转的故事受到了观众的追捧。这么多年过去了,《全面回忆》仍然是一部杰作,并不仅仅是因为它的剧情,还在于电影的模糊性留给了观众想象的空间。主角奎德在接受旅行移植的记忆、火星独裁者助手豪瑟的记忆之后,很难分辨哪一个是真实的。如果都不是,那什么是现实呢?换言之,这部片子虽然讲的是奎德在植入火星旅行的记忆过程中醒来,但事实上他是否并未真的醒来,而直接被植入了双重间谍的记忆?很多人都提出了这样的疑问。电影中包含了可以解释真实和虚拟的元素。

虽说在电影《全面回忆》中并未直接表现"元宇宙虚拟空间",但通过操纵记忆创造与现实不同的虚拟生活的设定,还是反映出了元宇宙的概念。无须借助感知元宇宙的物质设备,而是直接将虚拟世界以记忆的方式植入人脑,这是更先进的元宇宙技术。

如果说火星记忆是虚拟的,电影《全面回忆》中因篡改记忆而出现的元宇宙则代表了一种对"逃离单调乏味的现实的自由"之向往。无聊、绝望的矿工奎德成为一名双重间谍,通过元宇宙结束了火星独裁统治。有了这个记忆,奎德能分辨究竟何为真实、何为虚拟吗?无论是虚拟的还是真实的,它都在我们的记忆中栩栩如生,难以与现实区分。

《头号玩家》(*Ready Player One*,2018 年)

如果说前面介绍的电影是就元宇宙技术隐喻性展开的话,电影《头号玩家》则直接向人们展示了元宇宙技术。电影《头号玩家》中的人物使用头戴式显示道具,以虚拟化身与虚拟空间连接,生活在元宇宙之中。

在《头号玩家》的剧情里，2045年，与令人失望的现实世界不同，人们将希望寄托于一个叫作"绿洲"（Oasis）的虚拟空间。在这个空间里，无论是谁都可以用自己喜欢的虚拟化身到任何地方去、做任何事、抱有任何梦想。电影中的主人公韦德是一个在现实生活中毫无存在感、不合群的人（Nerd），对他来讲，"绿洲"是唯一的人生乐园。当然，在这里度过整日光阴的不光只有韦德，还有很多人来这里打发时间，开展企业活动。一个叫作"IOI"的大企业在"绿洲"提供装备，销售可以畅享"绿洲"的游戏道具，获取了巨大利益。

韦德在"绿洲"并不是无所事事。"绿洲"的创始者詹姆斯·哈利迪在弥留之际，宣布无论谁赢得隐藏在他创造的虚拟世界中的3个任务，都将继承"绿洲"的所有权和一笔巨大的遗产，于是韦德开始寻找任务的谜底。当然了，这并非韦德一个人的故事，拥有这片全人类进入和消磨时光的绿洲，就如同征服了世界。每一个进入"绿洲"的人，都在疯狂寻找哈利迪的谜底。"IOI"有组织地雇用人工去寻找谜底，试图通过获取"绿洲"的所有权、增加广告位和令其货币化来积累巨额财富。

电影中的"绿洲"已经超越了国界，形成了一个超级大市场。但是，元宇宙是由谁创造的空间吗，又或者说是由谁管理的地方吗？创造者制定元宇宙内的规则，管理者守护这些规则；当然，有时也要修改这些规则。

电影《头号玩家》的创造者哈利迪并不希望"绿洲"变得商业化。所以，他设计了一个装置，不把"绿洲"所有权转让给有这种商业意图的人，而是将"绿洲"所有权转让给了有着善良之心的主人公。

第一章 核心与边界：元宇宙的黄金时代

大多成熟的网站，只要确保一定数量的用户，就会专注盈利。这些网站利用用户信息，获取广告收益，按广告执行顺序来显示搜索结果。尽管这是人尽皆知的事实，但用户仍无法应对。因为通过社交网络服务共享反馈、在门户网站检索信息的方式已经渗透至我们日常生活的方方面面。

《未来战警》（*Surrogates*，2009年）

电影《未来战警》虽不如前几部影片广为人知，却给人们展示了一幅相当具有冲击性的未来场景。"Surrogate"的意思是代理、代理人。这部电影中，人们通过叫作"代理机器人"的人工机器来代理社会生活。人们可以整日足不出户，用脑波来控制机器人。个人与机器融为一体，你的身体还在家中，走出家门参与社会经济活动的，是你操纵的代理机器人。

电影中的主人公是美国联邦调查局（Federal Bureau of Investigation，简称FBI）的探员格里尔，他奉命调查一起破坏代理机器人、杀害操纵者的特殊案件。为了查清幕后真相，格里尔去探访最先制造出代理机器人的科学家肯特博士。肯特博士看到人们因为代理机器人整日逃避现实的情况后，就偷偷地开展起破坏代理机器人的运动。因制造代理机器人而获得巨额利润的"VIS"公司希望除掉肯特博士，由此展开了故事。这就是电影《未来战警》的主要故事情节。

电影中最重要的设定就是，现实是一个"元宇宙世界"。我们普遍想象的元宇宙是在与现实世界一样的范畴中存在的另一个宇宙；但是在电影《未来战警》中,现实消失,元宇宙登场。如果正确理解的话,并不是世界变得元宇宙化,而是人们通过虚拟化身认识的世界就像元宇宙一样。

与代理机器人相连,人类可以感知到代理机器人的"感觉",也能完全控制它的行动。意识离开了人的身体,转移到了代理机器人的"身体"。代理机器人能够令人类拥有更强大的力量,即使是跌倒或是被损坏,人也不会受到半点伤害,这与游戏角色有多条命一样。虽是在现实中移动代理机器人,但也会产生不接受现实的情况。

在这样的世界里真的用身体来行动是很危险的。代理机器人不仅身体能力比人类出色,而且因为不是真实的身体,没有必要小心行动。主人公不确定这个世界是否为另外的世界,最后选择了破坏代理机器人。不过依我的想法,这个世界看起来还相当安全。

《创:战纪》(*TRON: Legacy*,2010 年)

电影《创:战纪》是华特迪士尼制作公司(The Walt Disney Studios)在 1982 年制作的《电子世界争霸战》(*Tron*)的续集。《电子世界争霸战》的主人公凯文·弗林被卷入自己开发的游戏空间,续集的主人公是凯文·弗林的儿子,萨姆·弗林。他也像自己的父亲一样被卷入游戏,在虚拟空间中与统治者相遇,这个统治者是他父亲复制的一个程序。萨姆·弗林后来弄清事实真相,在助手的帮助下逃离了统治者,见到了真正的父亲。

迪士尼可能对《创:战纪》的流行寄予了太大的期望,将《创:战纪》作为迪士尼乐园的主题之一,计划创建类似于《星球大战》的

第一章 核心与边界：元宇宙的黄金时代

世界观。结果迪斯尼失败了，知道这个电影的人并不多。

《创：战纪》的世界观正是建立在元宇宙概念上的虚拟世界。这个世界的创造者是凯文·弗林。凯文为了顺利地统治这个世界，开发了复制自己能力和人格的"克鲁"程序，也可以说是一种人工智能（Artificial Intelligence，简称 AI）。或许由于其过度授权，克鲁发动了叛乱，压制了凯文，自己成了虚拟世界的统治者。

"非玩家角色"（Non-Player Character，简称 NPC）在游戏中的意思是指玩家不能直接操纵的辅助角色。作为游戏中起辅助作用的虚拟化身，它给玩家提供任务，给出暗示，或者销售物品。过去，NPC 在任何时候、任何情况下的回答都是千篇一律的。但近期为了加强与玩家间的沟通，越来越多的游戏开发者在 NPC 上应用了人工智能和自主学习。因此 NPC 能根据用户虚拟化身的不同情况做出相应的交谈和反应。

《创：战纪》讲述了当 NPC 配备人工智能后会发生什么。当然，虚拟现实世界与物理世界相连的场景仍很遥远，但这部电影提出，能够学习、思考的人工智能在虚拟世界中会以什么方式自动运行。

元宇宙中不能只有用户，因为想要忠实扮演公共汽车司机、公寓管理员、坐在咖啡店里等待顾客的店员等职责的人明显很少，但 NPC 适合担任这种职务。如果适用在 NPC 的人工智能会自由思考和自由行动，那将会是怎样一种场景？"元宇宙世界"好像在创造性地运转着，他们的想法到底会延展到哪里就不得而知了。这就如同《创：战纪》中的克鲁已经开始努力超越"元宇宙世界"，试图将自己的势力拓宽至现实世界一样。

4

预测未来元宇宙

推导元宇宙的未来既简单又困难。正如前文提及,我们只需实现各种电影中的想象,但电影的想象力局限在当今的技术、道德和思考范围内。如果技术进步以我们目前无法想象的方式取得,那么实现元宇宙的方式也将超出我们的想象。

现在我们可以大胆预测一下,今后的元宇宙、处于元宇宙演进末端的终极场景会是怎样的。从综合技术发展的方向、电影想象力所展现的预演等维度来看,我们是可以预测未来元宇宙的。

人机交互界面

为了使元宇宙里的生活更有乐趣,你需要借助 VR、AR 设备,而非智能手机和电脑。VR、AR 设备的技术发展非常迅速。几年前,VR 设备还是只能在博览会或 VR 体验馆短暂进行的付费体验,现在

第一章 核心与边界：元宇宙的黄金时代

已逐渐有了家用普及设备，并且这些设备比几年前工业用设备的性能更加优越。

目前，虚拟现实代表性技术是头戴式显示装置。虽有 Vibe、HTC、PSVR 等几种型号，但脸书公司出品的"奥克卢斯任务 2"（Oculus Quest2）更胜一筹，给人的感觉就像是智能手机初期的苹果（Apple）品牌。"Oculus Quest2"设备不用与电脑相连，可无线使用，画质优美，沉浸感强；最大优点是价格实惠。为了占领这个市场，脸书公司定价几乎接近成本，在首售对象定价为 400 万韩币时，后期售价为 40 万韩元。

但"Oculus Quest2"在重量方面还有待改进。如果用这个设备去探索另一个世界，使用者很容易出汗并压迫颧骨，留下痕迹。玩的时候可能感觉不到，游戏结束摘下设备时则会感觉疲劳。如果有比"Oculus Quest2"更轻、画质更精美、更经济的设备出现，如智能手机一般，头戴式显示装置会迅速得到普及。

当然，终极的元宇宙里是不需要头戴式显示装置的。只需眼镜型影像装置，轻轻按下按键，就能在 AR 和 VR 间切换。据推测，人们最终无须任何影像装置。随着五感技术不断发展，最终元宇宙将和现实一样，那时带给人们的将是一幅完全真实的图景。下一阶段，我们将抛弃各类设备，通过技术实现人的大脑与元宇宙的互联，刺激大脑以感受各类感觉。

人们从很早就尝试研发能读懂人类思想的电脑。如果说以前是尝试将感知和解读人思考时产生的脑电波转化为机械信号的话，那么现在是将人脑和电脑直接相连。

特斯拉首席执行官埃隆·马斯克（Elon Musk）在 2017 年设立了

脑研究初创企业"努拉链"（Neuralink）公司，提出了"生物皮层直系交互界面"（Direct Cortical Interface）的设想，目标是让电脑与人类大脑直接相连。人类如果希望与人工智能大脑的处理速度较量的话，就需要将大脑计算机化，以便大脑可以直接做出反应，无须通过物理接口。这种研究在企业而非大学实验室内进行，意味着这种技术的发展将更为迅速。

如果将电脑与人脑直接相连，元宇宙就将超越头戴式显示装置的形态，直接刺激大脑在元宇宙中感受事物的存在。视觉、听觉、触觉、味觉、嗅觉，其实最终都是源于对脑部的刺激，届时人们的感受将与现实生活中的一致，现实与虚拟的界线将逐步消失。正如《黑客帝国》中的元宇宙一样，即使人们的大脑感知到烤肉的味道是通过发送假信号来实现的，但人们依然沉溺于这种味道不能自拔。

若能更多地了解认知的秘密并欺骗大脑的时间感，那么人们在一天内就可以体验另一种人生。我们现在的人生，也有可能是任何人在元宇宙中体验的一种人生。诸位或许是未来之人，通过购买"体验祖先生活"的商品，在重现过去的元宇宙中体验着现在的人生。

作用于人脑的人机交互界面越精妙，区分"现实"和"虚拟"就会越难。偶尔我也会困惑，我们所处的时代究竟是元宇宙还是"现实"？

基础设施

元宇宙成立的主要条件是技术。为了发送使人无法分清现实的精妙视觉信息，就必须结合显示技术、计算技术、互联网技术等所有尖端技术。如果没有这些支撑,就很难实现最佳的真实感。

虚拟现实服务已经存在很长时间了。《活动世界》(*Activeworlds*)是领先于时代但技术未能跟上想法的一个失败案例。随后《第二人生》问世并声名鹊起。随着智能手机、平板电脑等移动设备的发展,《第二人生》很难在这些设备上运行,逐渐受到冷落(也有观点认为它们只是被忽略了,因为不够有趣)。

脸书、"推特"(Twitter)已经相对快速、顺利地从网页转移到了移动设备上。因为是移动环境,触达性佳,因此这种服务可以得到快速发展。初期的智能手机性能不高,社交网络服务在这种旧型智能手机中运行毫无问题;而像"第二人生"这样的3D虚拟现实服务平台,则很难在初期智能手机上运行。

元宇宙在近期受到人们关注的原因之一,是智能手机已接近电脑性能,运行庞大的程序几乎没有困难。如果说只有通过穿戴设备和运行高级电脑才能进入元宇宙的话,那么元宇宙将难以传播。像《崽崽》这样的元宇宙,在普通的智能手机上就能良好运行。

第五代通信技术 5G 的普及,正在影响着元宇宙发展。5G 服务与 4G 服务相比,能以快 20 倍的速度、提高 10 倍的反应、增加 10 倍的设备进行连接。随着 5G 技术的发展,无人驾驶汽车的技术也在进步。元宇宙也是如此。前文提及元宇宙的核心是经济活动,在元宇宙中进行金钱交易时,如果遭遇连接中断,就会发生用户付完款,商家却未收到款项的情况,遭受损失的用户会被激怒。5G 技术的发展使得数据传输更加稳定,也会慢慢形成发展元宇宙的良好环境。

在沉浸感占重要地位的元宇宙中,图像的画质非常重要。越是高品质的图像，对元宇宙的发展就越有利。5G 技术的普及将成为"元宇宙热潮"的重要因素；如果 6G、7G 技术出现，元宇宙的现实感将会进一步提升。

我个人最期待的是量子计算机，它将在未来技术发展过程中起到核心作用。表示量子计算机性能的单位是量子位（Qubit），现在国际商业机器公司（International Business Machines Corporation，简称 IBM）运行的量子计算机大约是 65 量子位。根据 IBM 的计划，2021 年将研发出 127 量子位和 433 量子位的量子计算机，2023 年将研发出 1000 量子位的量子计算机。据说 80 量子位的量子计算机可以储存比整个宇宙原子都多的数据。谷歌研发的 54 量子位量子计算机是目前世界上最强大的超级计算机，名叫"悬铃木"（Sycamore），它在

图 1-7　国际消费电子展（CES）上展出的 IBM 商用量子计算机

（图源：环球网）

200秒内就可以完成需要1万年计算的数据。

使用这样的计算机,就可以储存和使用所有的人类数据。元宇宙的发展与计算机技术的发展成正比,如果我们可以使用量子计算机,就能实现"量子飞跃"。

通过利用量子计算机物理引擎进行实验,甚至可以在瞬间完成病毒疫苗的研发。如果将这种能力应用到人工智能、机器学习和大数据上,展现在我们面前的元宇宙将与现在的面貌截然不同。

平 台

虽然"罗布乐思"游戏平台和"崽崽"游戏平台在"元宇宙平台"中最有名,依然有种倾向认为它们不过是1980—2000年间出生的"MZ世代"[1]的专用空间(不过是"孩子们的在线游乐场")。

我们需要能满足更广泛年龄层的元宇宙平台。随着"罗布乐思"和"崽崽"的用户年龄的增长,平台是会根据不同年龄层的要求进行调整,还是会创建一个新的平台尚不可知。但是从社交网络服务技术发展动向来看,出现新平台的可能性较大。

元宇宙平台的集中性必然会加深,原因在于随着用户数量的增加,用户的需求将更加多样化,因企业广告和资助而举行的活动也更加丰富多彩。这就如同现今社交网络服务多集中于脸书、照片墙、抖音等全球性服务平台一样。只有出现几个聚合了全年龄层和世界各国人群的"巨型元宇宙",元宇宙才能像社交网络服务一样成为我们的

---

1 MZ世代:1980—2000年间出生的人,正逢消费力上升的大环境。——编者注

日常生活。

现在全球性企业都在为打造"巨型元宇宙"奠定基础。脸书为开发"Oculus Quest VR 设备"所做的努力,也是试图通过硬件来主导该平台。亚马逊夯实打造全球云计算服务(Amazon Web Services,简称 AWS),也可以理解为一种为构建"巨型元宇宙"平台而进行的事前工作。亚马逊的"苏美尔人"(Amazon Sumerian)就是一款可以帮助开发人员轻松构建虚拟现实、增强现实和 3D 程序的网络服务。利用这个编辑程序,用户可以构建逼真的虚拟环境,并使用 3D 对象和动画角色对其填充。此外,还可以编写脚本来拟定研发者间或与程序用户间的互动方式,甚至可以在短短几个小时内就开发出逼真的 VR 或 AR 应用程序。

元宇宙里聚集的人越多,元宇宙就可以得到越快的发展。因为人群可以形成各种各样的关系网、令人兴奋的事件和有效的经济活动。如果拥有超过 10 亿人以上的用户,就可以被称为"巨型元宇宙"。

企业为了奠定"巨型元宇宙"的基础,会通过掌握硬件设备、提供多种多样的工具来想方设法地获取用户。拥有更多用户的平台在向"巨型元宇宙"转型的过程中将会处于更有利的地位。

图 1-8　可构建现实感虚拟环境的亚马逊网络服务"Amazon Sumerian"

(图源:Amazon Sumerian 官网)

第一章　核心与边界：元宇宙的黄金时代

通常与元宇宙同时被提及的《堡垒之夜》是游戏开发商"英佩游戏"（Epic Games）制作的一款第三人称射击游戏。拥有 3.5 亿用户的《堡垒之夜》正在朝着元宇宙前进，特别是最近被作为"元宇宙演出平台"来使用。美国著名歌手特拉维斯·斯科特（Travis Scott）在《堡垒之夜》上举办了虚拟音乐会，引来了 1230 万观众在线观看，一天收益 216 亿韩元。这是一件显示元宇宙经济可能性的代表性案例，确保了用户的平台中将会出现"巨型元宇宙"。虽然有的企业成功，有的企业失败，但因为种种看似数亿用户发展到数十亿目的来看，预测在不远的将来，将会有"巨型元宇宙"出现。

元宇宙生活

元宇宙与分享信息和见解的社交网络服务平台不同。社交网络服务平台多被用作传递信息、发布日记和广告以及共享幽默内容的自媒体平台。"快乐"和"有趣"是社交网络服务平台的重要因素，相比于脸书，抖音等青年用户群体居多的社交网络服务平台发挥着更重要的作用。

元宇宙将在我们的生活中承担什么功能？思考元宇宙的未来时，不能仅考虑其技术发展，也要考虑生活的意义。

元宇宙的初期平台将呈现这样的状态：个人在数字平台创建自有空间、执行任务，或与其他用户聊天；企业在虚拟空间里建立卖场。就如脸书或是照片墙内充满了回复一样，虚拟空间的家成了展现自我、表现自我的空间；企业的卖场成了体验、展示商品或服务的空间。此外，元宇宙也起到了多种文化活动的窗口展示作用，如用来作为艺术家演出的音乐会场、进行培训的教室、电影院等。事实上,这些活动已存于世。春之代名词——"樱花节"也能在元宇宙内举行。《崽崽》中"樱花咖啡厅"就很好地营造出了春天的情调。

迄今为止,元宇宙主要被用作日常生活的轻松空间。它虽然取代了现实,但并非真正的现实。下一阶段,元宇宙经济活动将真正开始。虽然目前用户也是通过虚拟化身进入收费的游戏空间,但真正的经济活动必须发生在人与人之间。如果只有少数几个公司通过元宇宙挣钱,用户的参与度就不会太高。

例如,纳瓦的智能商店是允许私人间交易的中继平台,像"酷胖"(Coupang)一样,企业可以在这个平台上卖东西。但只有人与人间的经济活动活跃,才能构筑起真正的生态。普通用户在参与创建元宇宙的同时,更要有提高收入的结构,如"油管"(YouTube)是利用内容来进行创收的。只有建立这样的私人收入通道,元宇宙才能成为人们生活的生态系统。

如果经济活动不是限时性活动,而是成为持续性事件,就会催生出职业。例如,油管中通过提供内容获利的"油管博主"(YouTuber)被称为"创作者"。在韩国,最近最受小学生欢迎的职业教育就是"创作者教育"。据韩国教育部和韩国职业能力研发院针对小学生和初中生进行的职业能力发展现状问卷调查,"创作者教育"上升到学生偏爱的前几位职业。2019年"创作者教育"排名第3;2020年排名第4,下降了一位。几年前,人们尚未听说过"创作者"这个职业,而现在它被认可为一种正式职业。

在元宇宙内,工作将呈现出更加多样化的形态,如果房地产从业者、教育从业者、商店经营者在元宇宙中长期工作,这些也都会成为

第一章 核心与边界：元宇宙的黄金时代

正式职业。如此一来，元宇宙就成了我们的日常生活。

另一方面，元宇宙也可以成为主题公园，从日常生活空间中分离出来，成为一个娱乐空间。美国电视剧《西部世界》（Westworld）是以美国西部为主题、利用机器人运营主题公园的故事。人们进入主题公园，可以像西部时期的牛仔一样进行多种体验。这种主题在元宇宙中能得到更好的体现。

元宇宙还可以提供诸如"美国西部""古代罗马""三国时期"的历史主题，以及"太空"等丰富主题，甚至是《星球大战》（Star Wars）、"漫威宇宙"（Marvel Universe）这些被创造出来的架空主题。

很多全球性企业纷纷涌入元宇宙，原因在于他们知道元宇宙能完美地打造我们的日常生活或脱离日常生活。我们的身体虽然生活在地球，但是精神生活在数字化地球，这才是元宇宙被激活后的时代面貌。

第二章

METAPIA:
元宇宙的7大特征

最近关于元宇宙的讨论如火如荼，无论是个人还是企业都对元宇宙寄予厚望。但是，元宇宙是一个尚未到来的未来，它仅仅是一种推论，你只能用有限信息来预测它的未来。问题在于，用于预测未来的现有信息只是基于我们已知的技术，例如社交网络服务游戏，但元宇宙与它们有着根本性的区别。

我们首先来看一下元宇宙区别于其他技术的特征，正因如此，元宇宙的未来发展才如此备受瞩目。

根据迄今为止形成的早期版本的元宇宙和对元宇宙的现有争论及预测，我归纳出以下代表元宇宙的 7 大特征，并将 7 大特征的首字母提取出来，命名为"METAPIA"。

- M：多元虚拟形象（Multi-Avatar）
- E：扩展经济（Extended Economy）
- T：双向互动性（Two-way Interaction）
- A：匿名性（Anonymity）
- P：任务制（Play Mission）
- I：类似现实（In Similar Life）
- A：同时性（At the Same Time）

每个关键词都蕴含深意。提取这 7 个关键词首字母所组成的单词——"METAPIA"也具有意义，代表了元宇宙将要发展的方向。"METAPIA"是"元宇宙"（Metaverse）与"理想国"（Utopia）的合成词。未来的元宇宙只有从根本上考虑个人的喜好和欲望，才能构建成一个理想国，从而吸引到更多用户。

元宇宙平台的核心，可以理解为获取用户的时间。在现代社会，用户的时间远比金钱更重要，想吸引用户的注意并不容易。留住用户的战争是一场全面的战争，从购物中心到卖鞋的企业，所有人都参与进来，更不用说门户网站和社交媒体了。为了争取到消费者的时间，元宇宙还要与线上购物企业（如亚马逊）、提供"OTT"（Over The Top）[1]业务的企业（如奈飞）甚至线下的咖啡馆和酒吧等展开竞争。

之所以很多人对元宇宙的未来持乐观态度，是因为元宇宙很有可能成为"时间战争"中的赢家。元宇宙不是为个人提供商品和服务，而是提供一种置身于理想国的感觉。

因此，元宇宙是一种平台。然而，它不仅仅是一个单纯的工具平台（例如线上购物网站），而是一个能给人带来满足感和幸福感的平台。用户会停留在这个平台内，开展各种活动。以前用"OTT"业务看电影，未来你会在元宇宙度假村的室外剧场和来自世界各地的朋友一起看电影。你可以从网上商城购买苹果手机，你也可以从中世纪跳蚤市场风格的元宇宙中购买。如果卖家长得像史蒂夫·乔布斯，你的购物体验会更有趣。难道我们就不能在星球大战元宇宙中订购一个看起来像光剑的手电筒吗？

---

1 OTT：是Over The Top 的缩写，源于篮球等体育运动，是"过顶传球"之意，指篮球运动员将球在头上来回传送，现在指通过互联网向用户提供各种应用服务。这种服务由运营商之外的第三方提供，不少服务商直接面向用户提供服务和计费，使运营商沦为单纯的"传输管道"。——编者注

元宇宙为个人提供了理想国式的体验，否则用户就没有必要进入元宇宙了。为了吸引用户，元宇宙的发展方向应该是理想国。从这个意义上说，理想国展现了元宇宙的魅力，揭示了元宇宙的明天。

如果你想了解元宇宙的发展方向，那我们就要了解各个关键词的具体意义。

> # 1
多元虚拟形象

一进入世界性元宇宙游戏——纳瓦开发的《崽崽》,就要创造虚拟形象。创建虚拟形象是《崽崽》最具魅力的地方。

有趣的是,年龄越大的人,越会创建和自己相像的虚拟形象。他们不是为玩《崽崽》而来,而是为体验元宇宙是什么,只要提供自己的照片就能制作出相应的虚拟形象。有种倾向是,年龄越小的人,制作的虚拟形象越不受自身条件限制。彩虹色头发、夸张的形象、像精灵一样长长的耳朵,他们虚拟形象的外貌与现实中的自己完全不同。

有人说,现有的社交媒体不能反映真实的用户形象。事实上,你在照片墙上传的照片是你生命中最闪亮的时刻,他们都有巧妙的构图和对最美瞬间的捕捉。脸书上充斥着人们炫耀当下洞察力的帖子,仿佛一个人即使是在走廊上走也能发现人生的真理。

社交媒体夸大其词的一面是众所周知的事实。既然要向社交媒体上传照片,即使只上传一张也要选择最好看的,这是人之常情。这无疑也犹如人生一般,瞬间的美好被过度渲染,你无法"上传"你没有的东西。

传统社交媒体,是以现实的"我"为基础,形成了社交媒体上的"我"。从这个意义上说,虽然社交媒体上的身份与真实的自我存在差距,但是不管社交媒体的形象和现实世界的自我有多么不同,它的根基还是现实中的自我。

近来"本我"与"第二角色"这样的话题很流行,这是"主角色"与"副角色"的缩略语,"公司职员是本我,演歌[1]歌手是第二角色"。

以我个人来举例,我的主角色是讲课的教授,副角色则是介绍书籍的读书博主。副角色以主角色为基础,这符合概念上的上位关系。在现实生活中,进行经济活动的"我"是主角色,享受生活和做兼职工作的就是"我"的副角色。副角色是从属于主角色的,从主角色派生出的附属身份叫作副角色。

在元宇宙中创建虚拟形象时,这个虚拟形象就是副角色。副角色是基于现实中的"我"而创建的,元宇宙中的"我"与现实中的"我"是一脉相承的。这种对虚拟角色的认识的前提,是把元宇宙看作与传统社交媒体和社交网络服务一样的空间。

元宇宙中的"我"无须基于现实,元宇宙中的虚拟形象不必与真实的"我"相似。现实中"我"的性格是谨小慎微的"角色1",而在"我"经常去的元宇宙A中,"我"可以是一个阳光、正能量满满的"角色2",在偶尔会去的元宇宙B中,"我"可以是一个信仰神秘

---

[1] 演歌:此处指韩国演歌,韩国的一种音乐形式,与日本演歌相似但不相同。——译者注

主义的"角色3"。这并不是说一个人有多重性格,而是真的如同有两个人存在一样。进入元宇宙的"我"与现实中的"我"是不同的人,甚至可以完全没有关系。元宇宙中形成的身份具有真实性,但这个真实性可以和其他元宇宙的真实性完全不一样。

每个元宇宙都是一个单独的世界。你只需在那个世界里保持一致性,无须在所有的元宇宙中保持一致。例如,在设置虚拟形象时,通常要设置性别。选择男性生成男性虚拟形象,选择女性生成女性虚拟

图2-1 《头号玩家》"艾奇"角色海报

(图源:豆瓣电影)

形象。但是，现实中的性别一定要与元宇宙中的性别一致吗？在《头号玩家》中，主角的好朋友艾奇在元宇宙"绿洲"中是一个相当有名的物品制造商和机械师，形象是一位大块头的男性机器人；在现实中则是一名黑人女性。在"绿洲"中男主人公和艾奇是最好的朋友，但在现实生活中，他们互不相识，连名字都不知道，所以当主角得知艾奇现实中的性别与"绿洲"中不同时会感到十分惊讶。

隐瞒性别就意味着可以选择与原始性别不同的性别。在元宇宙中，"原始"这个词失去了意义。因为人们只在元宇宙中见面，只在元宇宙中存在，所以他们的关系就只存在于元宇宙。如果你在元宇宙中始终保持自己的身份，即使与现实中的性别一致，也不会引起混淆，因为你不认识现实中的人。

在很多情况下，我们在网上认识的人都与现实不同。经常会遇到在网络上很活跃的人，在现实生活中往往害羞或沉闷；或者游戏队伍中的领袖，在现实生活中可能就是个中学生，这类情况比比皆是。

如果你我在现实中根本不可能遇到，当我们仅在元宇宙中相识，那么你在元宇宙中的身份才是最重要的。

新世界和新环境是获得新身份和被认可的良好契机。我们能在元宇宙中创造梦想中的自己，也可以创造完全相反的自己。万一创造失败，还可以删除账号，用新账号重新创造。元宇宙的魅力就在于此。

如果你过度沉迷于元宇宙，你可能会忘记现实中的自己，陷入"人格分裂"的状态。因为人本来就具有多面性，所以可以在不同的元宇宙中互相展示。但如果过度沉迷于展示多面性，可能会导致你分不清哪个才是真实的自己。"蝴蝶是我，还是我是蝴蝶"，庄子的苦恼就会重现。

元宇宙也必然会生产"元宇宙废物",因为它的忘我装置设计得十分巧妙。具有多元人格同时又不要放弃自己的核心人格,将成为未来在元宇宙中生存的重要智慧。

2

扩展经济

元宇宙经常被比作游戏。元宇宙和游戏非常相似,它们都可以拥有自己的角色,用角色完成虚拟世界中的任务,或者与其他人建立联系。那么,元宇宙和游戏的关键区别是什么?简单地说,游戏就是通过花钱获得体验(有通过出售游戏道具赚钱的例子,但这是游戏之外的事,并不是游戏中的一部分),而元宇宙是在元宇宙内部产生经济活动,进入商品的消费和生产环节。

学术界现在对元宇宙有几种定义,在孙康敏、李凡烈、申光宪、杨光浩的论文《WEB2.0与线上游戏创建的黑客帝国世界元宇宙》中,将元宇宙定义为"所有人利用虚拟形象,开展社会、经济、文化活动的虚拟空间"。刘哲均、安进景的论文《虚拟世界的数字故事研究》中给出的定义是"生活型世界""提供与实际生活一样的社会、经济活动的虚拟现实空间"。2021年4月,软件政策研究所出版的《元宇宙开始的5大问题和展望》(李承焕、韩相烈著)中元宇宙的定义是

"虚拟与现实相互作用、共同演化,在其间开展社会、经济、文化活动并创造有价值的世界"。

当我们考察元宇宙的各种定义,会发现其中的一个共同特征便是强调它的"经济活动"。经济活动是吸引人们停留在元宇宙的最强动因。"赛我网"(Cyworld)[1]是一个具有社交媒体和元宇宙特征的原型模型。它的方式是装饰虚拟的角色和房间,一旦用户进入房间,用户就要为房间里的背景音乐付费,但这项服务并没有给用户带来任何收入。

而在元宇宙中,你可以通过销售自己设计的虚拟服装,或是通过创建一个活动房间、自己制作游戏来赚钱。大众所熟知的线上游戏服务商罗布乐思就具有元宇宙的典型特征。三星证券这样评论它,"'罗布乐思'是目前最先进的元宇宙平台"(2021年3月)。"罗布乐思"游戏平台超越游戏公司的原因是它经营游戏的独特方式,你可以把它想象成游戏世界中的"油管"。这就是用户热衷于在"罗布乐思"游戏平台上制作游戏的原因(据说其用户达2亿人,游戏研发者有800万人)。

当更多的用户创造游戏并享受游戏时,他们可以通过卖游戏和卖游戏道具来赚钱。玩家可以用罗布乐思的游戏虚拟货币完成支付,而用户赚取的虚拟货币中有70%的份额属于研发者。

非常重要的一点是,罗布乐思公司免费提供了一个"罗布乐思工作室",方便用户使用游戏研发工具。工作室的人机交互界面是十分直观的,即使你完全不懂编程语言,你也可以像玩模拟游戏一样设计

---

[1] 赛我网:韩国最大的社区网站,它以提供有线和无线的互联通信平台为核心,向广大网络用户和手机用户提供日记、相册、论坛、涂鸦、留言等多种互联网服务。——编者注

第二章 METAPIA：元宇宙的 7 大特征

图 2-2　世界最大的多人在线创作沙盒游戏社区"罗布乐思"

（图源：罗布乐思官网）

和制作游戏。这一功能吸引了许多人前来挑战，据说 2020 年第 4 季度，罗布乐思给研发者派发了 3.28 亿美元的收益。据美国消费者新闻与商业频道（Consumer News and Business Channel，简称 CNBC）报道，2020 年，大约有 125 万名研发者挣到了罗布乐思游戏虚拟货币，其中有 1200 多名研发者的平均收入为 1 万美元，收入排名前 300 的研发者获得了超过 10 万美元的收入。

《罗布乐思越狱》（Jailbreak）是"罗布乐思"游戏平台上极具代表性的、广受好评的游戏。这个游戏于 2017 年完成制作，至 2019 年一直占据首位；之后排名虽有所下降，但始终排在前 10 位。据说这个游戏的研发者叫亚历克斯·巴尔潘斯（Alex Balfanz），从 9 岁开始就使用"罗布乐思"游戏平台，在其 18 岁上高中三年级时制作了这款游戏。

"罗布乐思"游戏平台不时传出"小学生获取巨额利润"的消息。如同在"油管"平台初期也出现过迅速致富的"超级油管主播"一样,罗布乐思正批量催生出游戏研发界的"富翁",且用户的年龄整体偏低。

除了像"罗布乐思"这样通过游戏研发创造收益的平台,还有通过装扮虚拟形象创造收益的平台。"崽崽"就是一个利用人脸识别、增强现实、3D技术,让用户可与自己的"3D虚拟形象"交流的平台。

塑造酷似自己的虚拟形象或是自己想要拥有的虚拟形象,是"崽崽"的核心。"崽崽"平台虽然也有几款小游戏,但现在最吸引用户的是装扮自己的虚拟形象。从服装到手包、鞋子、发饰,用户都能自己设计和销售。

目前在"崽崽"上赚取巨额利润的人并不多,是因为"崽崽"本身更注重用户获取而不是赚取盈利,没有打造出像罗布乐思那样扩展性很强的收益结构。但随着元宇宙用户的逐渐增多,平台就会有足够的空间与用户一起创建经济结构。

企业希望他们的品牌能够在拥有众多用户的元宇宙中曝光。元宇宙可以自行决定跳过任何内容,因此它不会强制用户观看公司的品牌广告。但是,公司可以通过品牌主题活动来展示品牌。

在"崽崽"上,古驰(Gucci)参与了虚拟形象服装的销售。但考虑到奢侈品的价格,在"崽崽"上挣钱对古驰来说并不是主要目的;古驰之所以参与,是为了在元宇宙中获取广告效应。"崽崽"的主要用户是10—20岁的年轻人,未来他们会是奢侈品的消费者,古驰希望通过"崽崽",为这些用户打上品牌印记。在古驰与"崽崽"的协作下,用户可以漫步在古驰总部所在地——意大利佛罗伦萨的古驰别墅花园中,选择包括新设计在内的共计60件服饰装饰在他们的虚拟形象上。

第二章 METAPIA：元宇宙的 7 大特征

用户可以在古驰别墅穿上古驰单品后，漫步在美丽的庭院中，与来自世界各地的用户交流。通过这种体验，用户与古驰间形成了和谐融洽（rapport）的关系（在与之沟通的过程中，形成更加亲密或信任的关系）。

这种经济活动也发生在虚拟世界元宇宙中，这是最远离现实的元宇宙形式。在与现实比较接近的镜像世界或者生活记录方面的应用和服务中，经济活动将会更加活跃；但是在"脸书"或是"博客"这样的生活记录平台上，应用开发者会从用户那里获取广告收益，其他收益大部分都会被企业拿走。

元宇宙中的经济活动是指在这个虚拟世界中，用户可以自由地交流和交易，所谓的经济要由所有参与经济活动的人员互动形成。在虚拟的元宇宙世界中，经济活动的产生是由个人之间的交易来体现的。

这种经济活动还可能通过多种不同的方式进行。你可以在元宇宙中挣钱，也可以成为元宇宙和现实世界的中介并以此来挣钱。你可以在元宇宙内玩游戏或是出售游戏道具；举办偶像音乐会，收取门票；开设高人气讲座，收取讲课费等。通过这些方式，元宇宙内的直接经济活动就会活跃起来。另外，接受企业委托为企业设计形象，为企业举办活动，张贴植入式广告（Product Placement，简称 PPL 广告），这样元宇宙企划师、设计师、研发者等各种职业也会应运而生。

根据元宇宙的发展程度和许可范围，将不断涌现出各种盈利方式。人们可以在元宇宙市场上出售道具，举办热门游戏攻略讲座；也会出现提供游戏作弊和修改物品的黑市。如此说来，元宇宙是一个可以实现自由市场经济的空间。由于不可能用现有的经济概念来理解这些现象，因此有时也将元宇宙新经济表述为"扩展经济"。

元宇宙最大的吸引力在于，你可以通过参加在元宇宙中举办的活动来赚钱，这是让人们在元宇宙中长时间停留的最大诱因。

如果游戏可以脱离日常生活，那么元宇宙既可以脱离日常生活，甚至也可以成为日常生活。如果说你能一直在元宇宙中赚钱，经常进入元宇宙，那么你所做的事就有可能成为一种职业。如果你拿着在元宇宙中赚到的钱去现实生活中的高级餐厅用餐消费，你能分清哪一个是真正的日常生活、哪一个是脱离了日常生活的吗？或许当元宇宙发展到那种程度时，我们就不必区分虚拟和现实了吧。

3

双向互动性

假设你进入了元宇宙，正在樱花咖啡厅散步，突然有一个虚拟形象向你走来，你与对方开启了对话。你庆幸对方说的是和你相同的语言，但与陌生人说话，你多少都有些压力。

突然前来搭话的陌生人令你感到有心理负担，这与你在游戏过程中"见到"其他玩家时的感受并不相同。玩游戏时，你会为了执行任务而与对方交流；但元宇宙内的见面没有特定目的，因此聚在一起说话多少有些尴尬。如果说，游戏内的"会面"是为了完成任务才聚在一起，那么元宇宙内的"会面"给人感觉更像是受邀参加聚会。

元宇宙是一个可以进行双向沟通的地方，没有特定的指南，更没有要一起完成的任务。与游戏相比，基础版元宇宙近似于社交网络服务，所以即使压力比与现实中的陌生人对话时要小，也还是与玩游戏的感受不太相同。

元宇宙中不同的虚拟形象与游戏中遇到的玩家或是电脑操纵的帮

手角色 NPC 不同，有种作为"他人"的存在感。因为元宇宙准备了不同的沟通工具，特别是虚拟形象更加赋予了人的存在感。

正如你在元宇宙中看到的，自己和他人的虚拟形象上方都会出现名字，给人一种"啊！这不是我，而是另外一个人"的认知。由于能进行双向沟通，论坛、发布会、记者会、音乐会、演讲等会议形式都可以在元宇宙中进行。企业员工居家办公时，也可以利用元宇宙。在这里，所有人一起工作；有需要时，可以立即进行信息交换，邀请业务协作。

"空间"（Spatial）是一家基于 AR 和 VR 协作的平台公司，它提供了一个虚拟环境，用户可以在其中与同事一起工作，作为虚拟形象参会也可以传送到 3D 全息图像环境中。即使我们在这样一个完全陌生的地方见面，即使我们彼此相距遥远，这个虚拟环境也能让我们感觉身临其境。继"光晕渲染器"（Corona，简称 Cr）之后，"Spatial"不仅可以用作 AR 和 VR 设备，还可以用作网络或应用程序。雀巢（Nestle）、福特（Ford）、辉瑞（Pfizer）、美泰（Mattel，芭比娃娃制作公司）等企业都利用"Spatial"来召开视频会议或是远程办公。在韩国，脸书的新闻发布会也是在"Spatial"的虚拟空间中举行的。"Spatial"给人感觉更像是面对面的真实会议，而不是视频会议，并且具有可视化共享和即时储存功能。

"Spatial"是为会议而研发的，但随着用户数量的增加，它被用于各种目的，例如教育、游戏和艺术展览。在以"星球大战"为主题的展馆中，用户可以借助虚拟形象体验光剑战斗。越来越多的人来到"Spatial"是为了获得上述这些体验，而不是开会。

还有一个名为"集镇"（Gather Town）的平台，虽然不如"Spatial"

第二章　METAPIA：元宇宙的 7 大特征

图 2-3　提高视频会议沉浸感、改变工作方式的 "Spatial"
（图源：腾讯网）

的 3D 全息图像质量高，也为远程办公提供了出色的图像支持，例如 2D 娱乐游戏。《集镇》既是一款像素风格的卡通经营游戏，也是一个模拟在线虚拟办公室的平台（"集镇"），每次会议最多可免费容纳 25 人，因此适合小型企业、学习小组、阅读小组等。由于可以通过付费使用更大的规模，韩国延世大学在 2021 年利用 "集镇" 平台进行了俱乐部新成员的招募工作。

用户可以在虚拟办公室中设计工作头像。当你遇到其他人时，可以立即与他们进行视频聊天，仿佛穿越到真实空间；当你靠近他们时，可以通过视频或音频与他们交谈（如果你不喜欢，只需关闭麦克风和摄像头即可）；你还可以在会议室召开小组会议。

此外，它还支持工作中的常用技术，例如在白板上发布公告、通信功能以及与外部链接等功能，甚至还提供与工作无关的空间装饰功能，以及俄罗斯方块等简单游戏功能。

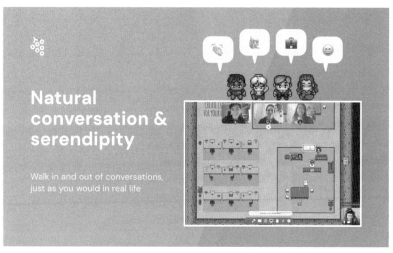

图 2-4 "集镇"已成为不同维度的虚拟工作和会议空间

（图源：Producthunt 官网）

利用双向通信的特性，提供这种协作环境的平台正在演变为元宇宙。双向交流是使用户能够在虚拟空间中会面、交流和协作的重要因素，在虚拟空间中他们的体验接近于现实。在元宇宙中，交流和协作正在从游戏演变为连接、工作、教育和讨论，且发挥着重要作用。

4

匿 名 性

进入元宇宙通常从创建虚拟头像开始。如果你的身份标识号（Identity Document，简称 ID）是你的真实姓名，那么你算是一名元宇宙初学者。当然，在商业元宇宙中，有时需要使用真实姓名，但一般情况下人们会选择使用与真实姓名不同的身份标识号。

虚拟世界中的元宇宙建立在与现实脱节的基础上，因此进入元宇宙的前提是保持匿名。这种匿名性在一定程度上减少了对行为的约束，但不受限制并不意味着你可以很粗鲁。虽然罗布乐思的正式员工只有 800 人，但约有 1600 名非正式员工在从事用户安全和防止亵渎等工作。元宇宙中也存在规章制度，机器学习算法以及员工的直接监督都用于保障规则的执行，以防止元宇宙中出现辱骂性语言、仇恨言论等。

如果能够维持这样的管理，元宇宙内的匿名性实际上是利大于弊的。现实中，我们在公园里散步时很少会与第一次见面的人交谈，一个 50 多岁的管理者也几乎不可能与小他十几岁或 30 多岁的人在同一个空间里玩游戏。然而在元宇宙中，真实的"我"消失了，在元宇宙中的"我"可以做真实的"我"不能做的事情，说一些真实的"我"不能说的话。

现实中给人的第一印象十分重要，而决定第一印象的时间非常短暂。根据普林斯顿大学的心理学教授简尼·威尔斯（Janine Willis）和亚历山大·图度诺夫（Alexander Todorov）的观点，给人留下第一印象只需要 0.1 秒。绝大多数心理学家都同意第一印象形成的时间最多不超过 4 分钟。所以第一印象在人们见面问好的过程中就已经形成了，外在因素对印象形成的影响可见一斑。

根据美国加利福尼亚大学心理学名誉教授艾伯特·梅拉比安（Albert Mehrabian）发表的"梅拉比安 55387 定律"，视觉信息很大程度上决定了我们对他人的印象。即在我们对他人的印象中，视觉信息占比 55%，听觉信息占比 38%，讲话内容占比 7%。视觉是决定第一印象最重要的因素，其中包括外貌、表情、姿势、衣着等；此外，声音的音调、发音等听觉因素也相当重要。通过这条定律，我们可以再次确认，第一印象在很大程度上是由外在因素决定的。

短时间形成的第一印象有效期长且不易被推翻。加拿大英属哥伦比亚大学德罗伊·波勒斯（Delroy Paulhus）博士的团队进行了一项实验，对 125 名大学生进行了分组，5 人为一组，每天讨论 20 分钟。在第 1 次见面时以及 7 周以后，分别记录了组内成员对彼此的印象，7 周以后的结果几乎没有改变。

在元宇宙中，这个对第一印象至关重要的外在因素变得不再重要。除非你们已经认识，否则你不会经常去找对方语音聊天，大多数

第二章 METAPIA：元宇宙的 7 大特征

时候你遇到的都是一些"头像"，可以是"任何人"或"拥有任何装扮的人"。

在元宇宙中，不带偏见地见面是可能的，但实际上你很难对别人形成判断。在现实中，你能感知到的除了语言还有人的行为，通过这些信息你可以对人进行判断以增进了解；但是，这一过程在元宇宙中是不可能发生的。在这里我们只能通过他人的故事、个人资料以及动态更新来掌握一个人的蛛丝马迹。

元宇宙的匿名属性与当下的社交媒体不同，相反，它与第一代个人计算机（Personal Computer，简称 PC）通信时期的"千里眼"非常类似。聊天时不提供任何视觉信息，只进行文字对话。因为没有脸书，也没有赛我网，所以我们无法通过搜索找到对方的页面或看到他们的模样。我们只能通过聊天了解他人的年龄或其他信息。

元宇宙中的会面仅基于个人在元宇宙中的身份，而用户在现实中的职业、年龄、地位、性别等都是没有意义的，元宇宙中的身份是通过用户的个人描述建立的。现实中一个人的身份是他自己的思想和他人思想的结合体；在元宇宙中，完全是"我"创造了"我的身份"，而无须考虑别人的想法。当你在元宇宙中与他人建立联系时，会涉及对方的判断，但在这种情况下，其他人的判断纯粹是基于"我"对自己的解释和态度。因为他们没有看到现实中的"我"，他们只看到了元宇宙中的"我"和"我"所说的话。

最终，元宇宙中的匿名性经由个人解释被加强或者削弱，你在向他人解释自己的同时也在构建自己的性格角色。因此，在元宇宙中，"说明文化"要优先于"判断文化"。装扮个人的虚拟形象也就变得格外重要，虚拟形象的外貌、装束、配饰、姿势等是对方能获得的唯

063

一外在信息。

如果我们的虚拟形象是在自我判断和自己的解释基础上形成的,那么他人的目光对形成自我意识和身份的影响就会变得很小。他人的判断通常都是带有否定性质的,但比这更消极的是我们自己意识到他人的判断。在现实中,拒绝或客观地接受他人的判断并不容易。

在元宇宙中,了解自己很重要。其实很多人都不太了解自己,但是在元宇宙里,他们解释自己、认识自己、反省自己,产生自信和自恋心理。总之,元宇宙的匿名性质可以让你完全专注于自我,体验自我的完整存在。你可以选择随时断开连接,也可以选择保持匿名。

你可以体验隐藏在匿名角色背后的自在,而匿名性可能就是吸引很多人进入元宇宙的原因之一。

5

任 务 制

哪个元宇宙会在未来幸存下来?这取决于用户数量。是否有像现实世界那样的经济活动,是对元宇宙进行分类的重要标准,但要在经济活动中创造财富,就必须有大量的用户。

元宇宙若想"生存",必须确保有能够吸引多数用户注意力的亮点。可以是用户加入元宇宙时获得的优惠,也可以是参加活动获得的奖励,但是仅用"奖励"是很难留住用户的。

被评为最具元宇宙形态的罗布乐思,其用户日均使用时间为156分钟,比抖音的58分钟、油管的54分钟、照片墙的35分钟多3—5倍。元宇宙的特点之一是一旦进入,就会花很长时间。但如果只是单纯地进入元宇宙,别说吸引用户,想维持元宇宙的日活跃度都很难。

为了让用户长时间停留在元宇宙,元宇宙的规划和设计就变得尤为重要。如果规划和设计得当,极有可能成为主流的元宇宙。如何让用户长时间使用元宇宙呢?

答案隐藏在荷兰社会学家约翰·赫伊津哈(Johan Huizinga)提出的"游戏人"概念中。"Ludens"在拉丁语中的意思是"游戏","Homo Ludens"则是指"玩游戏的人""游戏中的人"。它是一种在"正常"生活之外有意识地进行"不严肃"的自由活动,但同时它又是一种强烈而完全吸引玩家的活动。

赫伊津哈将"竞争"和"模仿"看作游戏的要素。法国社会学家罗塞·卡尤亚(Roger Cailois)在《游戏与人类》(*Les Jeux et les hommes: le masque et le vertige*)[1]中添加了"运气"和"晕眩"两个要素。游戏四要素如下:

- 竞技(Agon):指比赛和竞争。游戏中输赢分明、机会平等,是人为设定的斗争,如游戏、国际象棋、足球等。
- 模仿(Mimicry):指仿效、模仿。成为一个虚拟人物并进行相应的活动,如过家家、木偶游戏、角色扮演等。
- 运气(Alea):指靠概率和运气的游戏,如西洋双陆棋、轮盘赌、抽签等。
- 晕眩(Ilinx):指破坏知觉稳定性引起玩家眩晕的游戏,如空中杂耍、过山车等。

元宇宙满足了游戏的四要素。模拟是前面讨论过的多元虚拟形象中的一个关键要素。如果你把竞技或晕眩混淆在一起,元宇宙就

---

1 该书英文版书名为 *Man, Play and Games*。——编者注

第二章　METAPIA：元宇宙的 7 大特征

好比一种游戏，如果你在那里玩得开心，停留在那里的时间必然会增加。

在元宇宙中玩游戏能让你体验到极致的真实感。比如，体验在一个悬浮的空中平台上行走并传送蛋糕的游戏，或者体验一个在天空中飞行的游戏，都能让你体验到真实的眩晕感。

通常游戏都具有明确的目标和规则。在元宇宙中，你可以玩设定好规则的游戏，也可以自主扮演角色。由此我们可以看出，元宇宙内的游戏范围比真正的游戏更广。

为了让元宇宙成为一个合适的游乐场，设计是重中之重。让我们再说回罗布乐思的例子，在这个以游戏为主的平台上，用户只需进入元宇宙后台就会得到系统奖励，奖励以"玩"的形式呈现，例如玩概率游戏。把玩游戏的任务交给登录平台的用户，相当于给了他们执行任务的乐趣和目标。事实上，如果你只是进入元宇宙浏览，你的兴趣很快就会下降。因此，平台可以通过提供任务来增加乐趣，在用户完成任务时及时奖励。

前文提到"崽崽"与古驰协作推出了古驰别墅地图。用户进入别墅地图时，不仅会显示欢迎信息，还会领取迷宫逃生、捉迷藏等任务，你可以在古驰花园中尽情游玩。即使没有特定的奖励，用户也会对他们要在地图上做的事拥有明确的目标感。在为达到目的而四处走动的过程中，用户自然会看到古驰的新品。

社交媒体和元宇宙的另一个不同点是，社交媒体是不需要主体出现也可以使用的平台。例如，除非你点赞了他人的照片，否则在照片墙上不会留下你的任何痕迹。

元宇宙是一个只能显示"我"存在的平台，社交媒体的头像成为

图 2-5　用户在"崽崽"中欣赏古驰别墅地图
（图源：玩家 4CYVTP 截图）

进入元宇宙时的一个重要元素。头像装饰也蕴含了一种游戏元素，也就是前面提到的游戏四要素中的模仿。因为元宇宙是一个凸显自我主体性、体验存在感的地方，如果设计了任务、谜语和游戏等有趣的元素来满足这种体验，那么用户数量和停留时间必然会增加。

6

类似现实

谈及元宇宙的技术,总会一并提起虚拟现实、增强现实、人脸识别等人工智能技术。元宇宙的特点之一是可以通过人脸识别,创建出一个与自己相像的虚拟形象。当然,也有只用 2D 虚拟形象或仅需要账号登入的元宇宙,但在"我"清晰显露的元宇宙中,虚拟形象将成为越来越重要的元素。

用简单的照片,经过人脸识别,就能构建出与自己相像的虚拟形象。为什么元宇宙中需要这样的功能?因为元宇宙是一个虚拟空间,既然是一个超越现实的世界,你和你的虚拟形象就没有必要十分相似,这就是元宇宙被称为是虚拟现实的原因。元宇宙之所以有意义,是因为它建立在现实的基础上。

首先,创建一个与现实非常相似的虚拟空间,再叠加非现实元素。"数字孪生"(Digital Twin)是一项经常与元宇宙一并被提及的技术,指的是在计算机内部对现实中的机器、设备和物体进行完全相同的模拟。最近，数字孪生技术被用于在虚拟空间构建与真实城市相同的城市，以及各种城市管理的测试和验证，如人口分布、安全、福利、环境、商业区和交通。

一般情况下，元宇宙的构建是在对现实进行数字孪生后，进行若干转换。据报道，人们在虚拟房地产购买平台"地球2"（Earth 2）上进行了奇怪的交易，而不是出售和饮用金善达的大同江水（这样普通常见的交易）。

"地球2"是第二个地球的未来概念，这是一个元宇宙平台，允许用户拥有、购买和出售分布在地图上的虚拟房地产。它是一个真正的虚拟房地产交易平台，其愿景是虚拟地产的价值会随着时间的推移，基于需求、位置和收入潜力而增值。

"地球2"的房地产目前还没有完全出售，但如果售罄之后没有新的土地，我们是否可以去火星或仙女座上交易房产呢（只需让购买的土地与显示器上的一个等级相对应）？可事实并非如此。因为"地球2"的魅力就在于它的现实基础。当用户在"地球2"中创建土地并命名后——例如当我在"地球2"上创建了"时韩地块"（Seahan Land）后，有人说"时韩地块要出售了，快去买吧。数量有限，而且将来升值空间很大"——可能也并不会有人去买它。

"地球2"交易的本质是它存在于现实世界。在数字世界里，如果你只是以网格为单位购买房地产，那么无论你购买相当于江南地区的网格，还是购买闲置土地的网格都没有区别。而在"地球2"中，现实中已经很昂贵的土地在这里依然很昂贵，现实中被视为无用的土地也很便宜。因此，数字孪生技术也反映了人们的现实愿望。

虽然元宇宙应该基于现实，但也有不是纯粹复制地球形象的房地产交易。例如，叫作"分布式大陆"（Decentraland）的以太坊第一虚拟世界元宇宙就是如此。"地球2"的缺点是在交易土地时很难兑换成现实中的货币，但在"Decentraland"中就可以用"MANA币"在真正的代币交易所交易。任何投资代币的人都可以轻松取现，即使他们平时不投资代币，任何人都可以像交易证券一样，通过开设代币交易账户来赚钱。

元宇宙有与现实相似运作的趋向，往往表现得更像现实。我们可以与元宇宙中的其他虚拟形象交流，是因为我们预设了这样一种信念：在现实中的某个地方，有一个真实的人在控制这个虚拟形象。所以当一个陌生的虚拟形象突然和你说话时，你可能会感到尴尬，这种感觉和"与由电脑控制的NPC进行对话"是截然不同的。

2021年，韩国建国大学策划了元宇宙世界里的春节。学校在线上举办了各种活动，学生可以用他们的学号登录平台并创建自己的"头像"，然后穿梭在元宇宙打造的校园。

在元宇宙中打造的校园与现实中是一样的，学生可以借由虚拟形象参观各个学院的建筑或参加学校举办的"密室逃脱"游戏，还可以通过聊天与现实中认识的人交流，与其他同学交朋友。

综上所述，元宇宙是一个虚拟但基于现实的平台。元宇宙中的生活发生在虚拟世界，但这种生活也属于在某处过着真实生活的人。

7
同 时 性

在元宇宙中你可能会体验到超越时间和空间的感觉。乍一看很矛盾,但在元宇宙中,你可以超越空间,享受"此刻在一起"的同时性。用社交媒体进行交流时,同时性并不是必需的;可在元宇宙上进行交互时,同时性就非常重要。

可以与其他虚拟形象交谈在元宇宙中具有重要意义,因为这意味着你与虚拟形象的人同时存在于元宇宙空间。我可以在与其他虚拟形象交谈或聊天时感受到与其在现实中见面的同等兴奋感,这些对话和交流赋予了元宇宙以意义。

我们可以在现有的社交网络服务上自由进行交流。如果你去脸书或照片墙,你会看到来自熟人的动态;如果你发表评论,评论区将成为一个新的对话场所。

如果你去线上商城寻找你想要购买的商品,你会发现评论区有其他用户对商品的详细描述和评论。你可以根据评论来决定是否要购

第二章　METAPIA：元宇宙的 7 大特征

买，你也可以通过"问答区"（Q&A）或者客服机器人来答疑解惑。虽然其他人也可以回答你的问题，却缺少实时聊天的同时性。你在元宇宙上遇到的人是此刻共同存在于元宇宙空间中的人；但如果对方是一个卖家，你向他直接购买产品和在商品评论区留言是不同的。在元宇宙中，你进入的是一家真正的商店，还可以与工作人员交谈，就像在现实中一样。

在元宇宙的各种特征中，最受期待的是"元宇宙社交网络"的同时性特征。脸书正在利用"贝塔"（Beta）测试"地平线"平台。脸书的愿景是希望"人与人之间的连接"在元宇宙环境中也能实现。脸书首席执行官马克·扎克伯格（Mark Elliot Zuckerberg）曾讲过，元宇宙未来将成为一个重要产业。[1] 为此，脸书将公司 20% 的人力投入元宇宙的准备项目。通过"Oculus Quest2"，脸书在硬件方面取得了成功，"地平线"就是脸书为之准备的软件。

在"地平线"平台，现在最多可以有 8 个虚拟形象聚集在同一个空间中，与远在千里的朋友在虚拟世界中相遇、聊天、玩游戏。扎克伯格说，地平线是一个"真正的关系网（Social Fabric）"，"关系网"的意思是在同一种文化中的人能够和谐相处。他还表示，"脸书准备让地平线承担起将虚拟世界里所有社会阶层串联起来的作用"，这意味着脸书将把"地平线"视为一个完整版本的元宇宙。

在"地平线"平台，用户可以乘坐飞机在新世界旅行，可以建造房屋，可以成立兴趣小组。用户做什么完全取决于自己的心情。根据不同用途，"地平线"也可以成为《模拟人生》（The Sims）或《我

---

[1] 2021 年 10 月 28 日，美国社交媒体巨头脸书公司的创始人马克·扎克伯格宣布，Facebook 的部分品牌将更名为"Meta"。——编者注

图 2-6　虚拟现实社交平台"地平线",电影《头号玩家》的真实版本
(图源:搜狐网)

的世界》(*Minecraft*)一样的游戏,还可发挥约会应用程序"火苗"(Tinder)的作用。另外借助最新款"奥克卢斯"(Oculus)设备,用户可以根据手指的动作调整虚拟形象的表情来表达心情。佩戴 VR 设备时,用户举起拇指,就可以向对方微笑;拇指向下,就可以做出哭泣的表情。

这一切都在你和对方的面前同时发生。即使你的脸书账号上有 5000 个朋友,但为你的动态"点赞"的朋友数量也是非常有限的,甚至你可能很难意识到自己居然有 5000 个脸书好友。而在"地平线",同一个房间可以容纳 2—8 个人。如果有 6 个朋友在同一个元宇宙空间共享游戏的话,你们将能够同时访问这个平台,同时出现在虚拟空间中,这会为你们的关系增加更多亲密感。我认为,"地平线"是迄今为止最完美的社交平台。

第三章

经济创造：元宇宙中的投资机遇

很多人关注元宇宙的原因其实十分简单。虚拟世界、数字地球的概念确实有趣,但坦率地讲,这都是元宇宙带来了新的商机。2021年可以说是"元宇宙元年",就像是10多年前智能手机上市时的情景。

10多年前,率先购买了苹果3G手机(iPhone3G)的朋友在办公场所外也可以接收、回复邮件,这开创了业务新纪元。当时没能意识到智能手机带来机遇的企业,几年后也争相参与;而未能参与这场变革的企业则走向没落,如市场份额曾名列前茅的诺基亚(Nokia)公司,在很短时间内业务量大幅下降。

比脸书投放市场早、引起旋风般热潮的是赛我网,这是一个传奇般的社交网络。据说,扎克伯格创建脸书时,为了考察赛我网专门访问了韩国。关于其没落的缘由莫衷一是,但最有说服力的一种是,其应对智能手机浪潮时反应迟钝。人们也许会想到赛我网的迷你网页,可怎么也想象不出赛我网的移动应用吧?当时的赛我网对移动应用简直是束手无策。

与此相反,乘上智能手机引发的这股东风的企业,要么从应用程序中获取了巨额利润,要么推出了基于智能手机的新项目。照片墙就是适应移动用户特点而研发的社交网络,它于2010年首次面世,2011年9月就聚集了1000万用户,2012年4月被脸书以10亿美元收购。

适应了智能手机变化的企业已经成长为国际化企业,脸书就是其中的代表之一。脸书从网页程序转型到应用程序,并收购了照片墙以解决移动设备带来的不适配问题。

智能手机的技术创新改变了商业版图,了解这10多年历史的人们也能从元宇宙中看到机会。2011年,1万个比特币只能买两个比萨,10年后不是变成了几千亿[1]?这样的事情会不会再次发生?人们担心眼前的机会稍纵即逝,读懂元宇宙新经济成了当务之急。

对于元宇宙的市场规模也有各种各样的预测。据市场调查机构"统计员"(Statista)预测,2021年,元宇宙的市场规模为307亿美元,2024年将达2969亿美元。全球市场战略分析机构(Strategy Analytics)预计,2025年元宇宙的市场规模将达2800亿美元。不过三四年时间,元宇宙市场的规模将迎来爆炸式增长。

你敢预测一下10年后的情景吗?智能手机创造的变化完全改变了生活,其带来的经济成效已经难以估量,多数经济活动都是与智能手机联系在一起的。同理,我们也很难得知10年后的经济活动将如何与元宇宙关联。许多人预测,元宇宙带来的变化将超越智能手机。一些企业正在抓紧投入技术和资金,以搭乘元宇宙这辆"快车"。

跨国企业已经加入了抢占元宇宙市场的竞争。占全球市场份额前列的顶尖企业中已有苹果、微软、亚马逊、谷歌、脸书、腾讯、阿里巴巴7家公司宣布进军元宇宙。脸书的充分应对说明了这一切。

微软已拥有"我的世界"游戏平台,并在利用这个平台发展"微软混合现实头戴式显示器"(Microsoft HoloLens MR)。近来,通过名

---

[1] 此处应为韩元。2021年比特币价格突破了6万美元一枚,本书成书时,1美元可兑换约1150韩元。——编者注

第三章 经济创造：元宇宙中的投资机遇

为"无线网格网络"（Microsoft Mesh）的平台，用户可使用基于空间的协作工具。

苹果公司致力于研发可以应用于测量技术的 AR 眼镜。苹果的优势在于拥有智能手表这样的智能设备技术；它总是喜欢悄悄地进行研究，或许已经研发出了叫作"苹果农场"的元宇宙。

图 3-1　可以在眼前展现全息图像的微软混合现实头戴式显示器
（图源：Microsoft HoloLens 官网）

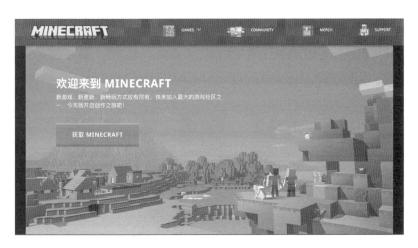

图 3-2　微软沙盒式建造游戏《我的世界》
（图源：Minecraft 官网）

079

中国最大的信息技术（Information Technology，简称IT）企业腾讯在其主题发言中同样强调了元宇宙。据说，腾讯音乐收购了美国虚拟音乐会初创公司"唯舞"（Wave）的股份，并计划将其技术整合到实况转播平台上。

跨国企业已开始乘上元宇宙这辆快车。需要加快步伐的不是这些企业，而是还没有做好准备进入元宇宙的个人和企业。为了在处于剧变中的元宇宙商业中分一杯羹，我们有必要预测一下元宇宙到底如何改变商业。

"元宇宙商业"的概念可以分为宏观和微观两个方面。从宏观来看，是指基于元宇宙开展的业务。如今，因为业务都以智能手机为基础，所以"智能手机业务"这一术语并不常用。同理，如果元宇宙改变了人与人之间的连接方式，那么它将成为几乎所有企业的媒介。

从微观来看，"元宇宙商业"是指在虚拟平台上开展的经济活动。因其属于平台商业，所以我们可以通过观察迄今为止几个平台的兴亡交替来预测元宇宙商业的微观发展方向。根据不同的业务性质，虽有具体的差异，但平台商业基本遵循以下流程：

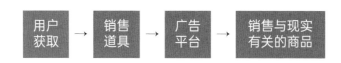

图3-3 "元宇宙平台商业流程"示意图

根据元宇宙的发展变化，元宇宙商业可适用于多样化、大规模的产业，当下从微观层面也可作为平台业务来使用。这两种方式不是排他性的选择，而是技术发展和普及的阶段性问题。对于我们来说，要预测并应对元宇宙商业，就要从这两个角度同时预测。如果选定几个领域进行分析，就能勾勒出元宇宙的发展图景和由此带来的商业概况。

我们将重点分析已应用元宇宙的行业，并将这些应用形式作为预测其他产业的标准。终有一天，元宇宙也会像智能手机一样，应用于所有行业。

1
虚拟形象商品交易

目前，元宇宙最简单的经济活动就是销售虚拟道具。在元宇宙中存在着一个"我"，我的空间存在要用虚拟化身来显示。这自然而然就会唤起"我"要与别人看起来不同的欲望，因此人们会花钱来给虚拟化身置办服饰。

"人真的会在虚拟化身上花钱吗？"答案是肯定的，我见过了太多为虚拟化身花钱的案例。仅就韩国的情况，要追溯到赛我网之前就存在的视频分享网站"自由聊天区"（Freechal）。以现在的审美来看，"自由聊天区"的虚拟化身有些土气，但在这个网站上人们真的会花钱为虚拟化身购买服装。2006年，"自由聊天区"的销售额达1000亿韩元。据说，当时形成虚拟化身市场的国家只有韩国。那时为虚拟化身购买服装的人现在已经是10多岁孩子的父母了，所以对孩子在虚拟化身上花钱也比较宽容，而且他们自己也多少会在虚拟化身上花钱。

第三章 经济创造：元宇宙中的投资机遇

穿在虚拟化身上的衣服或是道具叫作"皮肤"。当你访问元宇宙并创建账号时，通常会免费获得一个头像和一个基础皮肤。平台给人们提供了不用花钱就能进入元宇宙"围观"的基本条件。经常进入元宇宙的用户都想给自己的虚拟化身买身好看的衣服，第一次打开钱包可能比较困难，可钱包一旦被打开就关不上了。

《崽崽》上有送礼物的功能，用户可以将希望拥有的道具收藏在愿望清单中，在自己生日或是纪念日时，或许别的朋友看到这个清单，就会将道具作为礼物送出。这算不算"自己舍不得用钱买，而别人给买了"呢？同样，《崽崽》的道具也可以作为礼物来交易。

百川赴海，积少成多。《堡垒之夜》的 3.5 亿用户在虚拟化身上的开销为平均每月 20 美元。看起来虽是一笔小数目，但 2019 年全年，与虚拟化身相关的销售额总计达 10 亿美元（约 1 万亿韩元）。

"D2C"的意思是"直接到顾客"（Direct-to-Consumer）。"D2A"的意思则是"直接对虚拟化身"（Direct-to-Avatar），即不经由现实中的销售渠道直接到达虚拟化身。"D2A"的出现给疫情后陷入困境的世界时装业带来了希望。

时装产业开始与元宇宙协作来设计虚拟化身服装。奢侈品品牌古驰（Gucci）为了吸引"千禧一代"消费者，甚至组建了"影子董事会"（Shadow Committee），成员均为 35 岁以下职员。古驰不满足于《崽崽》，还参与手游公司的《网球精英》（*Tennis Crash*）游戏，让游戏中的角色穿上古驰品牌的服装。路易威登（Louis Vuitton）设计了游戏《英雄联盟》（*League of Legends*，简称 LOL）全球总决赛虚拟化身的服装和奖品；华伦天奴（Valentino）在任天堂（Nintendo）的游戏《集合啦！动物森友会》（*Animal Crossing: New Horizons*）中举办了时装表演[1];巴宝莉(Burberry)创建了自己的平台,制作了风帆冲浪游戏《冲浪小精灵》(B Surf),让游戏内的虚拟化身穿上本品牌的服装。

元宇宙具有巨大经济潜力的原因并不限于时装品牌的参与,一般用户均可参与虚拟化身的时装销售,这才是元宇宙经济潜力的真正源泉。元宇宙创建了用户可设计并直接销售服装的自由市场经济。

《崽崽》在游戏内创建了"工作室"界面,为用户提供道具制作平台,用户即使没有专业知识也可以轻松利用2D形象来进行3D设计。截至2021年3月,共约45万名创作者使用"崽崽工作室",生产的道具超过1500万件。

油管是世界领先的视频共享平台,其成功的秘诀是与用户共享收益,将内容供应委托给用户。运营公司只提供版面,实际内容则由用户创造。对具备这个特点的元宇宙来说,用户的经济活动十分重要。销售简单的道具可以成为开始经济活动的简单契机。

对比全球用户,据说在虚拟化身上花费更多的往往是东方人。有分析认为,东方文化的表达方式较为含蓄,所以人们会更加关心外在表现。因此如果将销售目标瞄准亚洲国家,成功的概率可能更大。

装扮好虚拟化身,人们又会开始关注周围环境。在认识到虚拟化身是生活在元宇宙内的另一个"我"时,投资就变得水到渠成。到目前为止,讨论最多的是服饰类装扮,但也可以买卖汽车。如果在元宇宙中花费5万韩元就可以购买宝马最新车型,会有很多消费者愿意为

---

1 2020年时,华伦天奴率先与一名时装博主合作推出了《集合啦!动物森友会》游戏定制服饰,20套服装均来自品牌2020春夏及早秋系列,并分享了设计编号供游戏玩家免费使用,该合作至今仍在继续,持续引发年轻人的高度关注。(新闻链接:https://baijiahao.baidu.com/s?id=1692626868780083405&wfr=spider&for=pc)——编者注

第三章　经济创造：元宇宙中的投资机遇

图 3-4　动森时装秀

（图源：Reference Festival）

2020 年，柏林时尚组织联合动森时尚博主、柏林潮流杂志《032C》时尚总监等，一同举办了时尚圈首个动森时装秀。秀场上展示的服装设计来自普拉达、罗意威（LOEWE）、香奈儿、路易威登等品牌。——编者加

此"买单"。当你制造出别具风格的汽车并贴上"仅有3000台限量款"的标签时，甚至可以标出500万韩元的价格。

既然汽车能拿来销售，那么游艇也可以；宠物也可成为商品，你能在元宇宙里养一只与自家小狗相似的虚拟狗。为了这个"小可爱"，用户们一定会出钱购买宠物用品。当然，在元宇宙中也能养一些传说中的动物，如可爱的龙、美丽的独角兽等。

如果元宇宙以打造生活乐园为目标，新的项目就会层出不穷。你既可以入住公寓，也可以去星巴克（Starbucks）喝咖啡。虚拟化身没有什么是不可以消费的，因为元宇宙没有对消费的限制。

2

虚拟店铺与空间使用费

在元宇宙中，有4种利用用户空间创收的方式。

首先，从平台运营商的角度来看，最容易实现创收的方式是让用户花钱来装饰空间。

其次就是直接对空间收费。你可以通过为用户制作装饰空间来收费，也可以通过让用户直接进驻平台来收费，就像房东收房租一样。

到目前为止，我们介绍的是平台运营商赚钱的方式，但运营商也可以与用户分享收益。从长远来看，这种结构能吸收更多的创作者，提供更多优质内容，因此能长久持续。一些用户在使用别的用户创建的空间时所支付的费用，由平台与空间创造者分享。

最后一种方式是，用户进入空间是免费的，但在空间内执行任务时需要花钱购买道具。该方式主要适用于游戏，同样，收益也由平台与道具创作者分享。

打造个人空间时消费

这一种方式是让用户在打造个人空间的过程中购买道具,如今这种方式也不再流行了。赛我网的用户把钱用在迷你房间装扮、皮肤和背景音乐上。准确地说,支付的是"电子货币"。从某种意义上讲,赛我网那时也打造出了"虚拟货币"[1]。

近来,平台运营商开始提供工作室程序,让用户在设置空间时不会产生费用,以此来降低进入平台的门槛。除了打造空间,《崽崽》还鼓励用户购买家具和室内装饰品。

创建空间时消费

通过为用户创建空间而获利,这就类似在"纳瓦"或"多音"(Daum)等网站够买页面广告位,也是营销成本之一。

韩国首尔市在《崽崽》上开设了"首尔国际创业中心馆"。该馆开设了公关展厅,用来介绍64家首尔优秀初创企业和创业支持设施,同时该馆设置了单人媒体广播工作室和初创企业办公室。

企业创建可以为用户提供品牌体验的企业馆极具可操作性。现在的大企业都争先恐后地在第二代平台——元宇宙上开设自己的企业馆;地方政府也会创建虚拟空间来吸引旅游业。

---

[1] 前文提到的"电子货币"是使用现金兑换的"虚拟货币",类似中国腾讯发售的"Q币"。严格意义上来讲,这种"电子货币"并非以算力为基础(如"比特币""以太坊"等)的"虚拟货币"。——编者注

第三章 经济创造：元宇宙中的投资机遇

韩国旅游发展局曾在元宇宙上介绍过韩国代表性的旅游胜地——汉江，与韩国旅游宣传大使"ITZY"（韩国女子演唱组合）一起在《崽崽》上利用K-POP（韩国流行音乐）的影响力，向世界推介汉江、宣传韩国。

这种商业模式以"企业—企业""地方政府—企业"的方式相连，因而对个人或是小型企业来说多少有些陌生，但这种商业模式蕴含着巨大的商机。设计和建造这种空间的是设计师和建造者（builder）。

过去，当"纳瓦咖啡馆"（Never café）流行时，有个人和企业接受企业的委托对咖啡厅进行管理。这种流行趋势转移到社交网络后，企业就用外包公司来管理社交网络。如今，各个企业都会招聘负责社交媒体的员工，油管的空间管理也是由企业公关部运营的。随着重要性的提升和经费的增加，负责人的职位就此产生。

元宇宙中也有类似变化。现在尚未产生专门的代理公司，元宇宙内的空间设计者和建造者通常是个人或小型企业。随着专业化的提升，将产生代理公司，由规划者、建造者或者研发人员、设计师、经营人员等组成团队进行经营；未来的元宇宙，还会出现专业顾问和艺术家。

仅有设计知识无法很好地设计元宇宙空间，设计师还必须了解用户行为。因此，来自各个领域的专家都将作为计划委员会的成员加入，如心理学家、人文科学家、"骨灰级"玩家等。从管理和运营层面来看，创建自有空间的企业应单独设立负责管理元宇宙的职位。

进入空间时消费

如果进入元宇宙空间没有任何门槛,这个空间将极有可能面临末路。具有十足吸引力的免费空间铺天盖地,谁还会来付费呢?但是,如果这个空间提供的信息是独一无二的,事情可能就不一样了。

2020年,在《堡垒之夜》中举办的时长为45分钟的特拉维斯·斯科特虚拟音乐会,创造了超过2000万美元的收益,相当于每分钟约5亿韩元。这场音乐会最高同时在线用户达1230万人,累计观看人数达2770万人次。

随后,《堡垒之夜》又开设了"皇家派对"(Party Royale)空间并积极展开活动。"皇家派对"由演出空间、乐享活动空间、道具销售空间、乐享特技跳伞体验空间等组成,著名音乐人在这里演出。

图3-5 《堡垒之夜》中举办的特拉维斯·斯科特音乐会
(图源:ESTNN官网)

罗布乐思也连续举办了几场音乐会：2020年4月，声援世界卫生组织的音乐会"一个世界，一个家庭"（One World:Together At Home）在罗布乐思虚拟空间内举行；同年10月，罗布乐思虚拟空间举办了美国流行音乐明星艾娃·麦丝（Ava Max）的新歌纪念音乐会；同年11月，罗布乐思发布了说唱歌手利尔·纳斯·X（Lil Nas X）的单曲，据统计总点击量达3300万。罗布乐思演出的特点在于，除演出之外还准备了与用户双向沟通的社交装置，如游戏、活动、问答等。这种策划准确识别了元宇宙环境中的用户关注点，今后元宇宙内的活动会越来越多，元宇宙的有效性、大众性和世界性得到了认可。

通过这些元宇宙内的商业活动，我们能感受到像罗布乐思、崽崽、堡垒之夜这样的企业几乎没有不被"染指"的。游戏研发公司绝不可能仅靠游戏赚钱，而把销售道具的商业机会白白放在一边。因此，获取用户是核心，当一个元宇宙能确保一定数量的用户，则可能出现形式多样的表演形态，且不乏喜欢这种表演形式的观众。

有一种流行表演叫"崽崽电视剧"，这并非《崽崽》内部的官方服务，只是十几岁的孩子们用虚拟化身进行表演，然后将这个场景录制下来进行编辑，配上背景音乐和字幕制作而成。"崽崽"的虚拟化身有很多可以打扮的部分，如表情、服装和饰品等，通过形体动作，完全可以进行虚拟表演。玩家还可以募集其他用户的虚拟化身，共同完成剧集制作。遗憾的是，《崽崽》并未提供支持该剧的官方服务，所以用户将以这种方式制作的剧目上传到了油管。

虽然也有人会质疑青少年用虚拟化身制作的电视剧水平，但是这种质疑与几年前人们对网络小说的评价如出一辙。有人曾评价说，网络小说是为狂热粉丝提供的理想故事。但在2021年5月，纳瓦以

2000亿韩元的价格收购了韩国第一原创网络文学平台"株式会社文笔雅"（Munpia），还曾在1月份以6500亿韩元的价格收购了加拿大网络小说平台"沃帕德"（Wattpad）。2021年5月，卡考也加入了竞争行列，以5000亿韩元价格收购了北美网络小说平台"红萝卜"（Radish），网络小说的价值大幅上升。网络漫画行业也是如此，纳瓦发掘出来的《心之声》的作者赵锡现已功成名就。

从元宇宙的角度来看，如果产生了"崽崽电视剧"的趋势，没有理由不对此加以利用。开设电视剧房间，推出能让进入房间的用户看电视剧的系统，提供能方便制作电视剧的工作室程序，用收取入场费的方式盈利。

虚拟化身剧也许是下一个网络热潮，现在的"崽崽电视剧"看起来就像是一部网络漫画。如果虚拟化身剧工作室可以使虚拟化身的动作演出成为可能，那么由小学生制作的虚拟化身剧《玩具总动员》可能会席卷全球。

空间免费，道具收费

游戏是最接近元宇宙的形式，游戏的收益主要源于销售游戏道具。游戏平台在获取用户后，往往通过道具收费来获取收益。元宇宙同样可以使用这种收益结构，用户为一个空间中使用的道具付费。

罗布乐思是一个由用户创建游戏并与用户分享收益的系统。罗布乐思中很多游戏的设计都是这样：先免费加入游戏，在用户增多后，提供收费道具。以2020年的标准推算，罗布乐思派发给游戏研发者的收益大约有3.28亿美元。游戏研发者大多是18岁以下的未成年人，

图 3-6 《罗布乐思》——用户制作并共享游戏的"游戏版油管"

（图源：罗布乐思官网）

他们获取了接近 4000 亿韩元的收益。

销售与虚拟化身相关的道具也可以获利，据悉，有仅靠道具的设计和销售就收入 1 亿韩元的人。

罗布乐思的用户数量在新冠疫情期间表现出了显著的增长。截至 2021 年 5 月，罗布乐思迎来了 570 万人同时在线的好成绩，并拥有超过 1.64 亿的活跃用户。罗布乐思在北美地区更是人气爆棚，一半以上的美国小学生都拥有罗布乐思账号。

3

连接虚拟与现实的广告及营销

新平台成功吸引足够多的用户后,较易获得收益的方法就是售卖广告。油管作为视频共享平台,其主要收入来源就是广告。对于谷歌、纳瓦一类的搜索引擎,或是脸书、推特一类的社交媒体,广告也是其主要收入来源。

随着机器翻译技术的发展,语言障碍迅速被打破,广告效应将会在更大的范围内显现。例如,通过互联网提供电影和电视剧等视频内容的服务叫"OTT"(即视频及数据服务业务),"OTT"的行业先锋是美国奈飞公司。在奈飞平台上映的电影可供全世界同时收看,某个国家的演员可以在短时间内名扬世界。韩国首部太空科幻电影《胜利号》(*Space Sweepers*)在韩国上映次日,就在奈飞平台上线,成为已开通服务的16个国家中观看次数最多的电影,登上了奈飞平台世界热门电影榜榜首。

与其他产业相比,广告业和市场营销业在元宇宙中最具爆发力。

如同很多人期待的一样，元宇宙内的广告和营销有如下几种形式：传统广告、巧妙曝光或是通过合作来提升品牌价值。以下是元宇宙广告的具体呈现方式。

强制收看型广告

在脸书或是照片墙中总会看到带有收费广告的提示。作为使用社交媒体的交换，这些提示不可避免。"谷歌展示广告"（Google Display Network，简称 GDN）也是这样，即当用户输入搜索时，就必须看到广告。目前这些免费服务仍是通过"强制收看广告"来换取的。

那么这种广告形式在元宇宙中是否可行呢？重视虚拟化身使用的平台，从性质上来说，不适于需要静态阅读文字或查看图片的广告。我们知道向元宇宙的用户展示这样的广告会引来不满，但广告不会完全消失。在元宇宙内购买道具需要花钱，但也可以设置成通过收看广告来兑换道具。为吸引用户加入，也可以向用户赠送在元宇宙内使用的货币，这种货币也可以通过观看广告的方式获取。《崽崽》用完成任务的形式诱导用户收看广告，累积的游戏货币可以用来购买打扮虚拟化身的道具；同时由平台向企业收取广告费用。

植入式广告

植入式广告是指在电影或电视剧中曝光公司产品或品牌以换取赞助的广告呈现方式。你可以用诸如"孙艺珍穿的衣服""玄彬穿的皮

图 3-7　万事达卡悬挂在《英雄联盟》召唤师峡谷的旗帜广告
（图源：搜狐网）

鞋"这样的方式来获得广告效果。娱乐节目中，主持人面前摆放的汽水、咖啡，这些都是植入式广告。

传统广告并不适用于元宇宙，让用户无法辨别的隐藏型广告效果会更好。在元宇宙中，只需将品牌或是产品植入空间设计，就可以吸引用户体验，达到广告效果。

更进一步，还可以在虚拟空间里挂上旗帜广告。例如万事达卡在赞助《英雄联盟》时，就在召唤师峡谷悬挂了旗帜广告，以宣传万事达卡的品牌。

《英雄联盟》是世界范围内在线人数最多的游戏，油管及实时流媒体视频平台"推驰"（Twitch）对它再加工的次数也很惊人，所以在这里做广告可以取得如同赞助奥运会般的效果。除了万事达卡外，正式赞助《英雄联盟》的公司达 50 多家，这些赞助商的旗帜广告也都挂在游戏中。《赛道狂飙》（TrackMania，简称 TM）游戏也在赛道旁挂起了企业广告。

根据市场调查机构"奥姆迪亚"（Omdia）预测，2024年，游戏内广告收入或将到达560亿美元。甲骨文（Oracle）公司研发出了一种技术，可有效测定广告显示频率和无效流量。因此，游戏内植入式广告市场已占有一席之地。

元宇宙将与游戏一样，强行将广告融入空间；当然，元宇宙提供的用户体验将比游戏提供的更好。让用户观看可口可乐的广告，还可以设定这样的场景：让用户与北极熊一起玩滑板游戏，胜方来喝可口可乐。又比如在电视猜谜节目《挑战金钟》中，设置一个容纳1000人的房间，虚拟化身坐在铺设有教育机构或智能手机广告的地板上，根据参与人员的信息和问题的性质，随时可以更换有针对性的广告。

目前在元宇宙中，入驻空间式广告要比植入式广告多。这是因为没有更多有设置的主空间。如果可以创造这样的空间，植入式广告的企业广告需求将超乎想象。

创造空间型广告

目前在元宇宙，最常用的广告呈现方式是设计并构建一个空间。强制收看型广告或是植入式广告在传统媒体上已经形成惯例，但创造空间是一种更有竞争力的广告形式。

《集合啦！动物森友会》是一款由虚拟化身装扮家庭和村落，并与其他玩家进行社交活动的游戏。为了进行广告宣传，LG电子（LG Electronics）公司曾在这个游戏中建造了LG电子的"OLED岛"和"LIT岛"空间。喜欢这个游戏的用户输入访问代码，就可以访问

"OLED 岛"。

在以电影和画廊为主题的"OLED 岛"上，如同寻宝一样，你可以找到"OLED 电视"，"OLED 电视"具有自发光（Self Lit）特性。在浏览全岛和积攒提示的过程中，自然就会接触到"OLED 电视"信息。"LIT 岛"以活动型游戏和体育为主题，有体育馆、篮球场、足球场等。岛的名字本身就是品牌，进入岛的玩家知道这个空间的目的是做广告，但是他们更多是为了享受游戏和完成任务而来。

值得注意的是，广告与游戏的比重需要均衡。只注重游戏，创建岛空间做广告的效果就不会好；广告太多，则会引起用户的不满。

为了促进专业市场营销业务的开展，要培养能准确理解相关元宇宙内用户行为和特点的人员，来预测用户的感情和行动，设计空间和任务。油管内的用户不得不收看广告，是"被动型"的广告消费者，因此油管内的广告效果很差，还要担心延迟视频收看而引起的逆反效果。但是，元宇宙内的用户是自己选择进入的品牌入驻空间，是"主动型"的广告消费者。当然，用户毕竟是来玩游戏和完成任务的，如果能将广告与游戏有机结合在一起，用户是会乐于接受的。这种潜移默化刻入脑海中的信息存在时间会更长，这正是在元宇宙空间构建广告空间的长处。

由于构建空间具有一定的复杂性，因此可以只在一部分空间内嵌入品牌信息。就好比并非将整栋大楼都买下做成私宅，而是租用大楼中的一层。

韩国 BGF 零售集团在《崽崽》上开设了虚拟现实便利店"CU 崽崽汉江公园店"。这是一个可欣赏汉江江景的"楼顶便利店"，在这里可以吃到著名的即食料理拉面，也可以享受其他的"CU 商品"。

第三章　经济创造：元宇宙中的投资机遇

图 3-8 《集合啦！动物森友会》游戏界面

（图源：玩家 Zora 截图）

韩国 CU 便利店表示，不光是汉江公园店，他们准备将便利店扩大至《崽崽》内热门地图中的教室和地铁站。

入驻现有空间，就在设计上顾及空间的整体性和人气要素，最大限度地活用空间魅力。如果广告不能融入这个受欢迎的空间，就会损害品牌形象。

简单地曝光一个品牌与打横幅广告没什么区别，入驻空间就是要成为空间的一部分。韩国 CU 便利店充分再现了人们在汉江便利店能够做的事，所以在设计虚拟空间的便利店时，要考虑提供尽量多的体验。

这种广告形式最适合元宇宙，但也只有大型企业能够负担得起费用。入驻现有空间，使广告空间构成与空间提供的体验和谐统一。今后或许也会出现专门负责此类业务的新兴职业。

项目协作型广告

即使广告效果好，但除了一些资金雄厚的大型企业外，其他企业的广告也很难进入元宇宙。道具协作型广告则较轻松地达到广告效果，目前广告主比较青睐这种方式；从用户立场来看，接受这种广告也很自然。

最广泛采用的项目协作就是品牌协作。给虚拟化身穿上衣服和鞋子、戴上饰品；用户可以穿知名运动品牌的鞋，也可以穿印有迪士尼动画的 T 恤衫。这种道具可以销售，成为广告营销的收益模式。这种模式仅限于拥有打扮虚拟化身必需商品的企业，如服装、鞋帽类企业。随着思考的深入，或许会有新的想法。

比如，职业棒球联盟用给虚拟化身穿队服的方法，就可以宣传职业棒球比赛，用户可以身着"SSG登陆者队"（Landers）周信洙的队服进入棒球元宇宙。在《蜘蛛侠》（*Spider-Man*）首映前，可以限时免费提供印有蜘蛛侠图像的衣服来宣传这部电影。达美乐比萨也可以使用其独有的象征性颜色来设计服装，或是让虚拟化身拿一块比萨——因为总有人午饭想吃比萨。

不仅是虚拟化身，任务、游戏中也可以摆放道具。极限外卖模拟游戏《外卖服务》（*Food Delivery Service*）中，为了给玩家补充体力，出现了"妖怪牌能量饮料"。实际生活中销售的是罐装产品，但也可以设计成瓶装供玩家饮用。

活动型广告

在元宇宙上构建了空间，就要像实体店一样精心经营。这是一把双刃剑，虽有显示品牌的效果，但也产生了管理成本。广告主只有花费时间和精力不断更新，才能使空间更有魅力。

如果在经营元宇宙的同时用道具或是其他要素来赚钱，就要负担空间维持费用。除非是大企业，否则运营成本会很高，只能是"一锤子买卖"。现在在元宇宙中还很难看到特定商品的活跃。如果上述问题得以解决，就会在很大程度上促进品牌形象的传播和活动开展。

▎元宇宙并不专属于青少年

到目前为止，元宇宙内的活动仅局限于几个少数具有全球影响力的案例，就像在《崽崽》上召开韩国女团"粉墨"（Blackpink）的粉丝签名会一样。这种情况产生的原因之一，也许是人们认为元宇宙仅适用于青少年。现代汽车公司对元宇宙感兴趣，是为了向未来的客户灌输品牌倾向，是一个长线布局。

越是出现不同类型的元宇宙，用户的年龄层就会越多样。脸书是2004年出现的，到了2006年大众用户开始使用它。如果说当时脸书的用户多为年轻人，那么现在脸书的用户多在40岁以下。但随着元宇宙的发展以及相伴而生的变化，元宇宙用户最终将扩展至全年龄层。

元宇宙的强社会连接性

就现有的元宇宙的性质来看，以游戏、头像装饰等任务为导向的元宇宙居多。但是在大部分元宇宙中，都有用户间相互交流的社交功能。如果很多人参与到以社交功能为主的元宇宙中，元宇宙就将成为广告活动的完美环境。

微软的"转换空间"（AltspaceVR）是一款以社交为主的元宇宙平台。2017年，微软收购了这个平台，但并未很好地利用它。2021年，微软在该平台上举办了叫作"点火"（Ignite）的研发者大会活动。大会以房间为单位举办，每个房间有20—30人参与，共有2万多人参与。

在强调社交功能的元宇宙中进行广告活动效果会更好。在元宇宙中，没有人员限制，也没有空间限制。从宣传角度看，直接让大众知道比只让少数几个记者报道更让人期待。

为企业搭建元宇宙

有少数企业准备构建元宇宙平台,以在过渡期开展企业营销活动。这是不将元宇宙看作社交网络,而是想象成网站或是个人账号而产生的想法。

这样构建的元宇宙几乎把虚拟化身或是社交功能都去掉了,所以很难被看作元宇宙。尽管如此,如同过去建造网站一样,还是吸取了很多元宇宙的长处,如提供基于用户体验的内容等,这比单向灌输以企业为主的信息好得多。

事实上,元宇宙的关键要素之一是拥有尽可能多的用户。如果用户持续停留在企业元宇宙,成为正式的元宇宙也不是什么困难的事。日本化妆品品牌SK-Ⅱ公司构建了叫作"SK-Ⅱ城市"的元宇宙,在东京涩谷街建造了以东京塔和富士山为背景的SK建筑。里面有SK电影院和SK-Ⅱ购物中心。用户可以前往电影院,选择自己喜欢的电影观看。

这种元宇宙只起到企业宣传的作用,在元宇宙整体生态中所占比重不大。我们可以从中窥得商机,为企业搭建元宇宙而进行相关营销活动,也能实现收益。

增强现实的利用

元宇宙也可以使用增强现实技术来实现。从市场营销方面来看,增强现实可能会更适合元宇宙:用智能手机扫描商品就可以进行互动，看到相关商品信息、游戏、艺人宣推的画面等，是最简便、直观的营销方式，无须 AR 镜头或眼镜，用移动设备就可以实现。

比萨企业"BANOLIM 比萨店"推出"IU AR 照片卡"，利用歌手李知恩（艺名 IU）的名人效应来进行市场营销。如果点比萨，就会从 4 张"IU AR 照片卡"中随机选出 1 张作为礼物送给顾客。安装名为"IU AR 照片卡"的软件后，用智能手机对卡片进行拍照，就会播放与卡片相对应的视频。

为了集齐"IU AR 照片卡"，来吃比萨的人多了起来。令人惋惜的是，照片卡第一季的设计中有不完善的地方，可能会让慕名前来的粉丝失望。

AR 最大的优点是可以在用户喜欢的地方合成想要的内容，可以说是用于营销或广告目的的最佳工具。但目前 AR 的使用尚未成熟，如果能用 AR 来开展更有趣、独特的市场营销，效果可能会更好。

4
虚拟房地产交易

在韩国,如果要讲"比特币"的故事,人们或许首先会想到"凤伊金先达",他因卖掉大同江江水的构想而闻名。在元宇宙中,有一种商业模型比凤伊金先达想卖掉公共财富大同江江水的商业构想更值得人们怀疑。可令人吃惊的是,有人达成了交易,还在现实中获利,这让人想起了初期的比特币。这样看来,从叫作元宇宙的关键词中窥见的是能伺机发"大财"的创意。

本节主要讲述的是将元宇宙应用于房地产交易。用元宇宙打造的房地产是虚拟的,不是实际存在的,或许有人会怀疑这种商业到底有无价值,元宇宙房地产也总被与虚拟货币相提并论。虽然与虚拟货币一样存在风险,可这个创意一旦成功,收益将是巨大的。

元宇宙房地产大致可分为两类。一类即字面含义,指元宇宙房地产交易;另一类是基于数字孪生技术打造的虚拟地球,交易真实地球上实际存在的土地。

数字孪生房地产

美国石英财经网站对"数字孪生"的解释是:"数字孪生是现实生活中的事物或结构的虚拟版本。这个词在 1991 年戴维·格伦特(David Gelernter)的《镜像世界》(*Mirror Worlds*)一书中首次被提出;2010 年,数字孪生技术首次被应用于美国国家航空航天局(National Aeronautics and Space Administration,简称 NASA)的太空舱模拟实验。微软公司特别强调了数字孪生技术对于构建'元宇宙'的必要性。"[1] 也就是说,数字孪生是将现实世界原封不动地复制成虚拟世界。在数字孪生上构筑房地产,即基于现实世界来交易虚拟房地产。

房地产元宇宙可以理解为土地交易平台。因为是一一对应的,所以产生了稀缺性。假使一个人购买了土地,其他人就不能再买了,过段时间可以再次高价抛售。或许仍有人怀疑它是否会成为一种商业模式,需要再次强调的是,这种模式已经颇为成熟,最具有代表性的平台就是"地球 2"。

2020 年 11 月,澳大利亚一位名叫谢恩·艾萨克(Shane Eisaac)的研发人员,基于数字地图(Mapbox)构建了虚拟房地产平台——"地球 2"。该平台原样复制了地球,用户可以以 10 平方米为单位,自由买卖虚拟世界里的土地,该平台也被称为现实版地产大亨"蓝色弹珠"(Blue Marble)。土地是虚拟的,用来交易的钱却是真的,可

---

[1] 斯科特·诺弗."元宇宙"词典[N]. 参考消息,2021-11-19(11). ——编者注

通过预付费或是信用卡的形式支付美元。

"地球 2"的收益率十分惊人。2020 年 11 月开始提供服务时，每 10 平方米的价格是 0.1 美元；8 个月后的 2021 年 7 月，美国土地的价格平均上升了 60.45 美元，韩国土地的价格上升至 33.51 美元。此外，像拥有油田的中东地区、奥运会举办地等有升值空间的地方，在"地球 2"上的价格都在不断攀升。如今在"纳瓦咖啡馆"里，人们共享着"地球 2"价格快速上升地区的信息。

买卖虚拟房地产的另一个元宇宙平台是"高地"（Upland），现实性更强。其采用的方式是将现实中的房地产原样嫁接到虚拟空间，进行房地产投资、拍卖。其运营公司（Uplandme）解释称，这是一款在区块链技术中再现桌面游戏《大富翁》（Monopoly）的游戏。研发人员在玩桌面游戏、收看奈飞公司的电视剧《奇妙的故事》（Extraordinary Tales）的过程中，产生了创作在平行宇宙中买卖生活用地的游戏创意，遂研发了这个平台。

在"高地"平台上，已售区用草绿色表示。点击这些区域，就会标示出这片土地归谁所有、用多少钱购买。按"更多"（more）按钮，还能看到这个位置的街景，用户会有种真实购买的感觉。

在"高地"上产生的交易是有实际货币来往的交易，目前限定在美国的 4 个城市。今后如果城市增多、国家增多，可能会吸引全世界用户的参与。届时，土地价格还会进一步上涨。

元宇宙房地产

事实上，"地球 2"存在着变现问题。现在"地球 2"平台上卖掉土地后的收款流程多少有些复杂。提现需要先给平台管理层发送邮件，经审批后才能取款。不仅流程复杂，提现金额也有限制，类似情况还有很多。

变现问题的解决方案是"分布式大陆"（Decentraland）平台。与"地球2"和"高地"不同，"Decentraland"平台交易的不是基于数字孪生技术的实际土地，而是虚拟土地。在"Decentraland"上有一块约为6个新加坡国土面积大小、叫作"land"的虚拟房地产，这块土地以"创世城"广场为中心。在"Decentraland"中打造的9万块"land"，除了道路和广场外都可以买卖。用户用"MANA"币来交易"land"，购买土地后，可以搭建建筑、挂上广告牌并交易这些内容以获取收益。

2021年4月11日，"Decentraland"中有41216平方米的土地以57.2万美元的价格被出售，虚拟世界的土地价值超过了6亿韩元。根据非同质化代币网站（NonFungible.com）统计，每块"Decentraland"土地"land"的价格从2019年的780美元升至2020年的894美元，2021年更是达到了2700美元。

"Decentraland"变现率高在于其使用的是虚拟货币，即在电子货币交易所上市的电子币，拿着"MANA"币就可以到交易所兑换成真正的货币。"Decentraland"对于用加密货币理财的人来说，是充满魅力的元宇宙房地产。

现在的"元宇宙投资商"很多，如果有虚拟化身开发房地产，由此带来土地升值的游戏要素存在，或许就会出现"元宇宙开发商"。

虽有这种房地产元宇宙，但如果把空间有限的元素放到未来元宇宙，促使人们进行交易的话，也有成为大规模货币往来交易平台的可能。将房地产要素加入元宇宙，从长期来看是否有帮助，需要设计者们自行判断。如果说元宇宙描绘的是包括现实世界在内的相关平行宇宙的总称，就没有理由不加入房地产交易要素。

5

来自虚拟货币的挑战

最近对虚拟货币（特别是加密货币）的争论越发激烈，有人说加密货币"没有价值"，有人说加密货币是"未来的货币"。然而在元宇宙世界，这种争论可能是没有意义的。大部分元宇宙平台使用的是加密货币，因此我们不得不谈论加密货币的使用。

元宇宙的核心是经济活动。由于元宇宙中设有商店和办公场所，人们可以进入元宇宙生活和工作。重要的是作为经济活动的结果，会有真正的收入。进入虚拟化身口袋里的钱是虚拟货币，尤其是加密货币，所以元宇宙与加密货币是紧密相连的。如果你对加密货币的未来持积极态度，就不能不关心元宇宙。

第三章 经济创造：元宇宙中的投资机遇

虚拟货币是货币吗

代表性的加密货币比特币是货币的替代品吗？货币具有价值尺度、流通手段、贮藏手段、支付手段和世界货币五大职能。抓到鱼的人需要大米，就与农民进行物物交换。每次交换时，不可能提着鱼去交换，于是会将货币作为交换的媒介。劳动成果具有多少价值，需要通过货币来衡量。鱼的保质期短，但如果换成货币，就能储存起来。

把比特币当作货币与货币的职能不太相符。假设去餐馆吃价值1万韩元的意大利面，吃完结账时面已涨到1.5万韩元，消费者会感觉很不公平；反之，如果价格降到5000韩元，餐馆就会遭受损失。

2010年比特币初始交易时，1比特币可兑换约2.3韩元。一位名叫拉兹洛的程序员用1万比特币买了两张木瓜比萨吃；如果按2021年比特币的价格计算，相当于一张比萨值5000亿韩元。

使用波动性大的资产进行交易并不容易。重要的是比特币的资产价格，即贮藏手段职能。与其说用比特币代替货币，不如说比特币是代替黄金的手段。进行资产投资时，虽能使用黄金，但没有人拿着黄金去买汽车。进入现代，黄金仅被认定为资产的价值。

尤瓦尔·赫拉利（Yuval Noah Harari）在《人类简史》（*Sapiens: A Brief History of Humankind*）中指出使人类成为人类的几种虚构能力，其中之一就是金钱的概念。比特币没有实体，所以没有价值。考虑一下货币和黄金，就知道这样的话是没有多少说服力的。

但是，比特币是不稳定的资产。"比特币市值几亿元"和"比特币终将消亡"的观点同时存在。预测比特币的未来时，大家讨论更多的不是比特币有没有实体，而是有没有意义。

特斯拉首席执行官埃隆·马斯克和推特首席执行官杰克·多西（Jack Dorsey）对加密货币持肯定性意见。据说马克·扎克伯格想自己研发加密货币。此外，其他年轻的金融家也多支持比特币，他们是一群开展跨国业务的人。

史蒂文·斯皮尔伯格（Steven Allan Spielberg）在电影《头号玩家》中描绘的元宇宙世界已近在眼前，美国一半以上的孩子加入了罗布乐思虚拟世界。我们谈论加密货币的时候，元宇宙虚拟空间的货币话题也一起出现了。

元宇宙中的虚拟货币

加密货币、数字货币、虚拟货币三者的共通之处在于，他们都是没有实物内在价值、基于约定进行交易的货币。

2009年金融危机期间，时任美国联邦储备委员会主席的本·伯南克（Ben Shalom Bernanke）接受了著名节目《60分钟》（*60 Minutes*）的采访。当被问及"美国联邦储备委员会借给濒临倒闭银行的资金是否是纳税人的税负"这一问题时，他表示"是用电脑扩大银行账号规模，借给银行资金"。

比特币在这一时期被研发，并不是一个偶然事件。有些人认为传统金融系统为政府或是中央银行、金融机构的利害关系所左右，是非常不民主的、受支配的系统，所以准备构建基于个人信用的货币体系。

对于加密货币，仍然存在着正反两方的观点。

第三章　经济创造：元宇宙中的投资机遇

广告主在脸书上投放广告，需要支付相关费用，但金钱交易是在脸书平台之外进行的。与现实的金融系统连接时，无论是银行账号还是信用卡交易工具，都从属于制度圈内的金融系统。但是，如果元宇宙内的经济活动用这种方式实现，就会受到限制。只有平台和一般用户、用户和用户之间自由发生经济活动，才可以说是真正的自由市场。

脸书曾宣布将研发加密货币。2019年6月，脸书发布了名为"天秤座计划"（Libra）的稳定币（Stable Coin）项目。其最初的规划是，将美元和欧元等主要货币捆绑为"一篮子货币"，使其成为可以在全球市场通用的货币；不仅可以在"脸书"平台使用Libra，还可在"优步"（Uber）、"沃达丰"（Vodafone LSE）、"声田"（Spotify）、"易贝"（eBay）、"维萨"（VISA）、"万事达卡"（MasterCard）、"贝宝"（PayPal）等平台上广泛使用，目的是构建一个"联盟"。

美国政府认为脸书的这一构想是对国际通用货币的挑战。若超过27亿脸书用户持有Libra，加之有更多企业接受这种货币，国际通用货币的概念与标准将会发生巨大改变，收取国际汇款手续费的银行收益结构也将受到严重挑战，因为利用加密货币进行国际汇款更加简便、低廉且快速。由于传统金融界和美国政府的强烈反对，"天秤座计划"最终触礁了。脸书因信息安全问题受到调查，维萨、万事达卡等有实力的联盟成员也经受不住压力，退出了项目。

但是，脸书不会将业务范围局限在美国国内，其将触角伸至全球。在韩国，偶像组合是瞄准全球市场策划组织的，被认为是瞄准内需市场的"满意快递"也有了扩张势头。

脸书将"Libra"更名为"Diem"，避开政府监管，准备再次使用

113

加密货币。Diem 与 Libra 的不同之处在于，后者被设计为可以处理多个国家的货币并在主要国家使用，而 Diem 与各国货币是一一对应的。假设在美国，用美国 Diem 匹配美元；在韩国，用韩国 Diem 匹配韩元。因为是稳定币，所以，是用 1 美国 Diem 换 1 美元、1 韩国 Diem 换 1000 韩元的方式稳定价格波动。

Diem 本身无须跨国使用，美国 Diem 在韩国使用，要经过兑换成韩元的必要手续。据悉，相关国际组织正在讨论如何为稳定币建立明确的治理要求，制定防洗钱和恐怖主义融资的管理措施，以防止因各国监管差异而导致的套利行为。

脸书发布的加密货币之所以频繁"变脸"，是因为这是关系脸书生死存亡的元宇宙事业的必然要素。

星巴克虽不是元宇宙公司，但其在世界各地开设了多家门店，甚至被称作"星巴克世界"。星巴克利用预付系统，提供星享卡和星礼卡等充值结算服务，累积到卡中的钱可能会比预料中多得多。2019 年，美国的星巴克公司充值资金累计达 12.69 亿美元；2020 年，韩国的星巴克公司累积预付金额达到 1801 亿韩元。遗憾的是，在韩国充值的预付金在美国无法使用。

但星巴克不会停滞不前，它的解决方法是使用自己投资的"百特"（Bakkt）公司的电子钱包，在应用程序中提供"Bakkt Cash"付款选项。通过加密货币期货交易所的"Bakkt"钱包，星巴克开始构建使用比特币支付的系统。消费者们通过"Bakkt"钱包将比特币兑换成美元，在星巴克购买饮品，或是在星巴克应用程序上充值后消费。

星巴克或许可以发行自己的"星币"（Star），将之制作成加密货币,以储存、使用的方式,构建预充值系统。若星币行情看涨,这种加密货币就可以成为投资手段。重要的是在全世界的任何地方,都可以使用星币到星巴克门店购物。如果星巴克增加接收星币的加盟店,星币将把饮料的预付款金额上限提高到 3 万—5 万韩元。

即使不正式推出类似星币的加密货币,使用世界通用加密货币来管理存款,国家间的货币兑换、资金流向问题也都可以解决。即使只有星巴克应用程序,也可以在全世界的门店进行支付,在加入星币的宾馆或是餐饮店也可用星巴克应用程序结算,如同使用信用卡一般。因此,近期星巴克受到了金融界的掣肘。如果全球可用存款变多,星巴克预付金也可以开展贷款、资产管理、保险等金融业务。加之已经在世界各地存在的 3 万多家星巴克门店,星巴克无须像银行那样另外布设营业网点。

目前,罗布乐思已正式发布通用交易货币(Robux,简称 R 币),用于游戏道具结算和虚拟化身装扮。R 币虽不是在现实世界中能使用的货币,但经过兑换过程,是可以变现的。这样看来,它与赛我网时期的"橡子"没有什么区别,最大的不同是双向性和交易金额。如果以交易计算,鼎盛时期的赛我网年销售收入约为 1000 亿韩元,罗布乐思 2020 年销售收入达 19 亿美元,超过 2 万亿韩元。更令人吃惊的是,日均 3000 万活跃用户中,使用 R 币结算的人数占比 1.5%,达 49 万人。如果能创造出 15% 的收费结算用户,一年就有 20 万亿韩元的销售收入。

在罗布乐思的用户中,70% 是 16 岁以下的青少年,购买力并不高;如果将元宇宙的用户年龄进一步提高,吸引到更有购买力用户,销售收入将呈指数级增长。

罗布乐思与赛我网的相异之处还在于双向性，R币可以兑换成实际的货币。不仅能买，也能卖，但个人间是不能用货币对货币的方式来交易R币的。

R币的销售金额因购买单位而异，1个R币的平均售价为0.01美元；若兑换成实际货币，1个R币可兑换0.0035美元。从用户立场来看，买时11韩元，卖时3韩元多，罗布乐思也能留下65%的兑换利润。

这看起来很不合理，但提供程序的用户认为，除了要向罗布乐思交纳使用费和营销费用之外，自己拿35%的收益是合理的。罗布乐思的用户大部分是16岁以下的青少年，研发者的年龄阶层也相差不大。2020年在《罗布乐思》游戏收入的排行榜上，前300名用户平均每人赚得了10万美元。据测算，罗布乐思的代表性研发者亚历克斯·巴尔潘斯年收入可达数十亿韩元。

在元宇宙的货币体系中，大规模的经济活动正在进行，且已突破年龄和地域的限制，韩国的小学生可能以美国用户为对象开展商业活动。

金融界正在关注元宇宙的这种可能性。金融公司虽然很难构建一个元宇宙平台，但可以在元宇宙中开展部分金融业务，这也是金融界热衷于开发元宇宙的原因。如果有用户和资金，运营元宇宙平台的企业没有理由不涉足金融业。现在金融界的大部分企业对元宇宙持观望态度，还没有真正行动起来。一些企业希望与已构建元宇宙的企业建立合作关系，可是拥有一定用户又构建了框架的企业没有理由非要与金融公司合作。金融界应该更加积极地制定培养计划，哪怕损失一定的投资。

金融界正在推动游戏与金融相连的新型服务项目，准备利用游戏内容提供资产管理服务。韩亚银行计划与网石游戏公司携手，在2021年下半年推出游戏和资产管理接轨的新型服务。新韩银行计划与纳克森（Nexon）公司建立合作关系，共同推进金融与游戏连接的内容研发和市场营销计划。

征服"MZ世代"

为征服传统银行不怎么关注的"MZ世代"，金融界开始逐渐将重心转到元宇宙上。金融界的高管们常常把元宇宙挂在嘴边，谈论金融界的变化，却未见其行动。2021年5月，DGB金融控股集团在元宇宙上召开了经营人员大会，向市场发出了关注元宇宙的信号。

从金融界立场来看，最接近元宇宙的方法就是在已构建的元宇宙上开设银行网点。当然，这种程度的市场营销是不能左右企业未来的。

银行正在着力寻找与"MZ世代"的契合点，但如果银行固守已有形象，它们终将被淘汰。从长期来看，元宇宙里银行的作用不是开展市场营销活动，而是要担负起银行的实际功能。银行线下服务的使用率年年下降，2020年，互联网金融的比例为65.8%，使用自动取款机（Automated Teller Machine，简称ATM）的比例是21.6%，利用银行窗口的比例为7.3%，电子银行业务为5.3%。令人意想不到的是，这项研究的调查对象居然是现代银行。由于22—30岁年龄段的年轻人更多会使用互联网金融银行卡考银行（Kakao Bank）或服务条款（Terms of Service，简称TOS），因此线下银行用户的平均年龄会更高一些。

目前，已有部分全球性金融公司正在引入与元宇宙接轨的数字金融商店。加拿大多伦多道明银行在贵宾（Very Important Person，简称VIP）客户咨询投资时，会为其提供用AR设备将投资组合可视化的线下咨询。

这种方式将仅限于未来一两年。从长期来看，金融界要积极搭乘元宇宙的快车，并思考如何拥抱流经元宇宙血管的加密货币。

6

非同质化代币交易

如果你仔细审视非同质化代币，就会发现这是一个纯技术问题。技术性的思考需要技术人员的实践，我们要思考的是技术如何适用于商业，如何在元宇宙生活中表现出来。

非同质化代币是一种无法用其他代币替换区块链代币的虚拟资产，它利用区块链技术赋予数字内容独特的识别价值。所有的所有权和销售信息都储存在区块链上，随时都能确认最初的发行者，因此无法伪造。非同质化代币包含单独且唯一的识别值，并且彼此不可交换。更简单地讲，非同质化代币是独一无二的证明。非同质化代币可以说创造了稀缺性，因此，它的价格将成比例地上涨。

瓦尔特·本雅明（Walter Bendix Schoenflies Benjamin）发明了"灵晕"（Aura）的概念，以《蒙娜丽莎》（Mona Lisa）为例，"灵晕"指原作与复制品间的差别。只有原作才有固有气晕，或者翻译为"灵气"。我们也可以把一个有特点、倾向性明显、有神圣天赋的人描述为"有灵晕"。非同质化代币是一种客观制造出灵晕并予以证明的技术。

非同质化代币能将数字艺术品、在线体育、游戏道具交易、视频作品、元宇宙房地产等现有的资产数字通证化，将其制成独一无二的资产，所以也有人把非同质化代币叫作某种"数字珍品证明"。非同质化代币是一种让元宇宙经济更加繁荣的技术，以数字方式无限复制的物品不可能具有高价值。

更为关键的是，非同质化代币提供了一个摆脱元宇宙平台运营商控制的机会。有价值的经济活动实际上是在大众交易过程中形成的，非同质化代币将会成为元宇宙经济活动的有力工具。

交易画作的数字画廊

关于非同质化代币，我们从媒体上很有可能会看到引人深思的报道。我想，对非同质化代币最关心的行业恐怕是美术界。实际的美术作品在数字画廊中正用非同质化代币形式售卖，拍卖活动中也有艺术品交易。拍卖公司佳士得（CHRISTIE'S）与安迪·沃霍尔基金会（Andy Warhol Foundation）协作，储存有20世纪80年代安迪·沃霍尔（Andy Warhol）摄影作品的5张软盘非同质化代币化后，拍卖了43亿韩元。

到目前为止，有记录显示的最大一笔数字画作交易是美国数字艺术家毕普（Beeple，本名Michael Joseph Winkelmann）的作品《每一天：前5000天》（*Everydays: The First 5000 Days*）。这幅耗时13年半即5000天创作完成的巨型数码拼贴作品，约拍卖了6930万美元，换算成韩国货币，逾 750 亿韩元。

事实上这样的交易并不局限在艺术品领域。2021 年 3 月，推特首席执行官杰克·多西以非同质化代币形式拍卖出售其在推特发布的首条动态"刚设置好我的推特"（just setting up my twttr）的所有权，最终以 33 亿韩元售出。有这样一种说法，韩国李世石在与阿尔法狗的对决中所取得的那场胜利，是最后一场人类战胜人工智能的对弈。用非同质化代币制作的这个胜利记录，卖出了 2.5 亿韩元。

我喜欢收看一个叫作《典当之星》（Pawn Stars）的节目。每次节目组都会摆上一些老物件，比如破旧的证章、磨损的硬币等。如果只看物件本身，是一些连乞丐都不会拿走的东西；但如果讲清了物件的来龙去脉，看似无用的"废品"会立即变为价值不菲的珍品。破旧证章的主人是美国开国总统华盛顿，出处也被证明无误，价格瞬间就达到了 33 亿韩元，稀缺性及故事性创造了天价。如此看来，非同质化代币的存在也不是毫无道理的。

非同质化代币在元宇宙中的应用

非同质化代币是赋予元宇宙经济活动意义的核心技术。数字中产生的活动，随时都可以复制，也可以二次体验。非同质化代币将这些活动定义为独一无二，人们愿意为这种稀有物付款。

▎画廊的活跃

画廊是最先在元宇宙空间中活跃起来的。2021 年 5 月，卡考区块链子公司"未知地面"（Ground X）推出了以韩语为基础的"创造空间"（Craftspace），这是一个有亲和力的非同质化代币制作服务平台，在这里可以制作非同质化代币作品，也可以售卖作品。

非同质化代币交易所可以在元宇宙中建立起来，被称为"元宇宙画廊"。进入元宇宙，在画廊里可以欣赏非同质化代币作品，也可进行交易。房地产元宇宙"Decentraland"已经将非同质化代币用于交易了。苏富比拍卖行（Sotheby's）在"Decentraland"上开设了"苏富比画廊"（Sotheby's Gallery Network），原样复制了其在伦敦的画廊，用户在这里自由欣赏和交易艺术品。"Decentraland"不仅将数字画廊用于展示艺术品，2021年5月，美国著名成人杂志《花花公子》（*Playboy*）的画廊也在其平台开业了。

协作工具"Spatial"也设有画廊，在这里不仅能用协作工具，还可进行非同质化代币交易。事实上，在元宇宙中最容易打造的就是画廊。只要有能处理非同质化代币的技术，交易就会发生。

参观美术馆或是博物馆，一边欣赏艺术品，一边购买自己心仪的作品，这种优雅的趣味生活在元宇宙中将经常出现。当然，与趣味生活相比，这种形式更接近于理财。

现在的画廊是作为企业空间而开设的，当然也可以开设交易个人作品的空间。个人可以在画廊中展示并销售自己的作品，元宇宙艺术家也将随之登场。

▎游戏道具交易和数字领土的所有权证明

元宇宙上的非同质化代币还可应用于元宇宙内道具交易或是对空间所有权的证明。

如果用非同质化代币赋予道具稀缺性且允许个人之间交易，元宇宙内就可能会出现安全交易。如果能在规定时间内完成任务并交易稀有道具，就可以挣到满足现实生活需要的钱。

有消息称，非同质化代币将被应用于游戏，打造经济生态系统。2021年，韩国游戏公司娱美德（Wemade）发布了针对国内外100多家元宇宙相关企业的投资计划，这些企业普遍拥有区块链和虚拟资产等非同质化代币技术，娱美德公司决定在下半年推出的游戏《传奇4》（MIR4）中应用非同质化代币技术，将游戏角色和道具通证化后，允许它们以特定的价值被交易。

现在元宇宙中与现实经济联系最紧密的是房地产行业。如果元宇宙房地产交易使用非同质化代币技术，就能给人以真实的信任。因为非同质化代币可以证明个人间的交易，也可以保障唯一性。"Decentraland"的土地被彻底非同质化代币化，除道路和广场外，均可买卖；土地所有权根据以太坊标准"ERC-721"用非同质化代币记录；个人的所有权可在区块链中得到证明。"高地"也开始进行基于区块链的交易，土地档案交易内容都记录在商用分布式设计区块链操作系统"EOS"（Enterprise Operation System）上，土地的主人是拥有土地档案的用户，这意味着开发人员没有任何操纵的空间，个人间的交易是自由的。

非同质化代币不仅可以应用于游戏道具，也可以应用于虚拟化身服装。如果将非同质化代币应用于著名设计师设计的虚拟化身服装，打造成不可替代的衣服，可能会比现实中的衣服卖得还贵。我们还可以将非同质化代币应用于有意义的项目。例如，偶像团体开音乐会时所穿的演出服装可以用非同质化代币拍卖，会成为创造收益的道具，因为人们愿意为具有稀缺性和故事性的事物付费。

第四章

商业走向：
元宇宙中的行业机遇

1

虚拟课堂与非接触式教育

2015年,马克·扎克伯格在其女儿出生时表示,将只留给女儿1%的财产,其余99%将捐献给社会。他在给女儿的信中写道:"希望你能生活在一个比现在更好的世界。"同时,扎克伯格公开承诺将设立"陈·扎克伯格慈善基金会"(Chan Zuckerberg Initiative,简称CZI)并捐赠52万亿韩元,其设立的"陈·扎克伯格慈善基金会"主要业务是"定制个性化教育项目"。

现今,韩国学校的教育结构相当不合理。如果一个班级有30名学生,则需要先算出平均分数,再以此为数据标准实施教育。但实际上,处于该平均分数区间的学生也只有寥寥数人,其他学生的水平则或高或低。传统的学校教育对有些学生不免枯燥无味,对有些学生却如天书般难以理解。如果能使用AI技术先确定学生的实际能力,再根据不同的级别定制个性化教育,教育则会更加高效。

在现有的线下教育系统内,一名老师通常需要面对一群学生,很难实现因材施教。因此，未来的教育将不可避免地涉及数据、人工智能、机器学习等计算机技术。除了技术力量，公共教育体系也需要进一步完善，我们需要花费更多的决心和时间，用于改造已适应现有"体系"下人们的认知。

受疫情所限，教育行业必须采取非接触式的手段进行授课，这也使得原本尚处研发阶段、还未普及的各种教育工具得以应用。后疫情时代，虽然学校又恢复为面对面教学，但已无法忽视非接触式教育带来的便利。

在我任教的大学里，学生们起初也对非接触式教育抱有怀疑和反感的态度，但经过一年半的直播授课后，学生们反而认为用非接触的方式授课更好，特别是对一些路程遥远、需要花费4个小时才能到校的学生来说，这种愿望更加迫切。因此在元宇宙时代，利用元宇宙平台进行远程教育的前景十分广阔。

非接触式教育的需求正在逐渐上升，这种需求与其带来的便利性成正比。非接触式教育的体验式学习已初步实现，重要的是在实际生活中这种教育是否有效。如果单纯以视频授课的方式传递信息，自律性强的学生可能没有什么问题，但自律性差的学生可能被忽视，导致教学效果的两极分化。因此在非接触式教育中，有效的教育管理十分必要。

因此，元宇宙平台对教育行业有着重大意义。元宇宙教育的优点在于教育管理。视频授课在知识传递上是有效的，但几乎没有管理功能，因此学生如果自制力不强，不一定能坚持把课听完。据统计，在韩国大学入学考试的视频网站上，把授课视频全听完的学生比例仅占10%（实际情况比这个数据更低）。

第四章 商业走向：元宇宙中的行业机遇

在以"中目"（Zoom）为代表的实时多人云视频授课技术中，用户可以通过回帖提问进行互动，但该平台不具备"管理"工具。"Zoom"教育有个致命的缺点在于，这个能够通过视频直视对方的授课系统让用户十分疲惫。教师和同学们纷纷反映，如果正面相对会令人有心理负担。大多数韩国大学利用"Zoom"进行实际授课时都会关闭画面或语音，用评论的方式进行交流，在 40 人以上参与的课堂通常如此。

在元宇宙教育中，用户通常会使用虚拟化身来听课，心理负担就相对较弱，也能更积极地参与课堂，进入同一教室的实时存在感也会更强。信息不再是从教师到学生单向流动，而是相互交换信息，双向沟通的效果更加明显，更易于达成互相认同。当然，重现讲台的设计性元素，对教师和学生两个群体起到了最小限度的区分作用。

如果能够再添加一些游戏性因素，学习效果就有可能进一步提高。例如，通过增加诸如考勤、小测验、完成回帖或问答次数的考量等来设计学习成长任务。

虚拟教室

线上教室并不是个新鲜概念，也不仅限于韩国国内。在美国，为了获得大学升学所需的美国高中毕业生学术能力水平考试（Scholastic Assessment Test，下简称 SAT）[1] 分数，非营利性教育视频平台"可汗学院"（Khan Academy）提供的教学服务涵盖了从小学到高中各年龄

---

[1] 即美国高考。——编者注

段，从数学、化学、物理，到计算机工学、金融、历史、艺术等多门课程。这个拥有 2 万多课时种类丰富、系统完善的视频课程平台，为美国学生提高 SAT 成绩提供了非常实用的辅助手段。

近来，一个名为"密涅瓦学院"（Minerva School）的教育机构在大学圈迅速传开。这所被称为"未来大学"的教育机构创立于 2014 年，据说这个学院比哈佛大学更难进入。密涅瓦学院的特点是所有的授课都在线上进行，除此之外，散布在世界 7 个城市的教授和学生会在同一时间上线进行讨论而非讲座，因为只有提前看过了讲座、课本和论文，才能参与讨论。

密涅瓦学院的长处不仅在于教育方式，在培养未来人才方面也更有所长。传统大学灌输式教育沿袭的是 19 世纪的大学教育体系，这个体系更适合培养工业革命时期的工人，很难培育出未来人才。著名的未来学家、谷歌顶级未来主义演说家托马斯·弗雷（Thomas Frey）曾表示："到 2030 年，世界上 50% 的大学将会消失。"

对已接触到元宇宙概念的我们来说，自然而然地会想到在元宇宙中的会面。即使身处相隔千里的不同地域，我们也可以用虚拟化身进行沟通，通过讨论和协作进行授课，这也是未来教育的主要方向。虚拟化身能摒除人种、性别和年龄的歧视信息，有利于彼此之间相互尊重，讨论也会更平等、更具创造性。

在韩国，顺天乡大学已经行动起来。2021 年 3 月，顺天乡大学在韩国 SK 电讯（SKT）公司的元宇宙平台"跳跃 VR"（Jump VR）上举行了大学新生的开学典礼。召开"元宇宙开学典礼"的空间装扮得与现实的运动场如出一辙，现实中不存在的大型电子屏、空中帷幕等元素更是展示了虚拟空间的优势。新生建立了自己的虚拟化身后，就进入各院系开设的房间,共同参加开学典礼。典礼结束后,无论是教授还是新生,都用穿着定制夹克的虚拟化身,在各专业的专属房间里交流沟通。

上述的开学典礼只能算是个活动,还谈不上教育。顺天乡大学乘胜追击,迅速在元宇宙平台打造了教育课程。从 2021 年 6 月开始,顺天乡大学将原来在线举行的"凤凰公开讲堂""搬"到了元宇宙中。学生们以各自的虚拟化身参加由国内外知名学者主讲的专题讲座,还可以边听讲座边沟通。

与此同时,韩国 SK 电讯公司对"虚拟会面"(Virtual Meetup)服务进行了大规模升级,推出元宇宙平台"如果岛"(Ifland)。在该平台内,用户可生成虚拟化身,参与会议、演出等不同类型的社交沟通项目,最多可支持 120 人同时连接。韩国 SK 电讯公司希望能够进一步复制成功经验,构建各个大学的元宇宙空间,顺天乡大学的元宇宙活动可谓是第一个"吃螃蟹"的项目。

登上"元宇宙列车"的更多是青少年群体,也正因如此,教育领域的元宇宙将快速、广泛地铺展开来。元宇宙教育体系的发展形式将充分利用人工智能和机器学习,学前教育将通过人工智能来提供不同难度水平的教学视频和文章。

青少年们将以虚拟化身的形式,一起复习课本知识,一起讨论研究、深化学习理解。授课老师将化身主持人,授课方式不再是授课老师的单项灌输,而是学生自身对所学知识的判断与研读,继而发现新观点。

此外,还可以通过轻松的测试和任务来衡量学习的参与度和学习成绩,利用应用管理程序来帮助学习,如同配备了人工智能助教,帮

图 4-1　中国也有在元宇宙平台举办校园典礼的案例

（图源：中国传媒大学）

图为中国传媒大学动画与数字艺术学院 16 级数字媒体艺术专业学生团队用《我的世界》沙盒模拟 2020 年毕业典礼仪式,学生们为自己的虚拟形象穿上学士服,聆听同样以虚拟形象出现的"院长"的特别致辞,在红毯前留下了特殊而珍贵的毕业合影。——编者加

助学生查缺补漏。

元宇宙教育的发展已有雏形，所需的是我们每个人的决心。试想一下由元宇宙教育培养出的人才与传统大学靠死记硬背培养出的人才竞争的场面，教育方式亟须改变。

岗位职务培训

除了学科教育培训外，一些活动性培训，如公司新员工研修、升职培训等不仅需要学习理论知识，还有参观、完成任务、游戏等形式。在传递知识和信息之外，还需要打造团队精神，形成归属感，增进责任感。

在人力资源领域，诸如新员工培训或是升职培训类的企业培训有很大的需求。与一般培训相比，企业培训的经费更多且频次更高；从事企业培训行业的讲师人数很多，但在现实生活中的工作机会正在逐步减少。

非接触式教育的规模与日俱增且正在程序化。最具代表性的是在元宇宙中打造的新员工入职培训。2021年1月，纳瓦在《崽崽》上构建了与其公司"绿色工厂"一模一样的虚拟办公大楼[1]，新入职员工以虚拟化身接受入职教育，以组为单位执行任务，参观大楼。有意思的是，得益于元宇宙不受空间限制的特性，培训分为多个项目，其中之一为"参与跳台滑雪大会"。

共同执行任务、共同进行体验的团队凝聚力超乎想象。据说，参

---

1 准确说是在2020年12月建成的。——作者注

与元宇宙形式培训的新员工，体验到了超乎期望的强烈归属感。

元宇宙在企业职务培训领域的应用也有很好的反响。职务培训往往聚焦在实际业务处理过程中遇到的、比较容易解决的问题。用元宇宙呈现这种业务状况并通过与人工智能的对话去解决，比仅学习理论有更大的培训效果。例如，在升职培训中，作为小组长要学习与组员沟通的技能。如组员因小组不合自己心意、固执地要离开时，组长需要怎样进行谈心沟通等；小组长在接受培训师辅导后，再与其他人组队进行模拟练习。在元宇宙中，通过人工智能与性格酷似组员的虚拟化身进行对话，就能得到沉浸感很强的实务培训。

早在新冠疫情之前，美国的超级连锁企业沃尔玛（WalMart）公司就已开始使用VR来进行职务培训。在新员工培训中，新入职员工会在虚拟空间熟悉应对顾客的要领以及卖场中可能发生的突发状况。接受过实战培训的员工，在实际工作中受到的冲击将会降低。在升职培训时，沃尔玛会让员工在虚拟空间中应对发火的顾客、辅导工作业绩差的工人或是管理杂乱无章的卖场等。

职务培训将以"针对硬性业务进行有效技术辅导"的方式，扩展到多个领域，如在服务行业熟悉应答要领、在制造业接受安全教育等。AR·VR研究公司"AR智能机构"（ARtilery Intelligence）预测，2018年，企业级VR市场的规模为8.29亿美元；2023年，该规模将达到42.6亿美元，增速超过4倍。

因此，一些以培训师为主的岗位职务培训更应迅速适应元宇宙，尽快制作相关程序。即使初次研发会有费用支出，应用后却可降低运营成本，提高企业盈利。

第四章　商业走向：元宇宙中的行业机遇

宅家运动培训

在运动领域，社群起着重要的作用。参与运动的人开展善意的竞争，和谐对话，是运动持续开展的秘诀。元宇宙是与其他人连接最有效的工具，与他人一起进行运动具有很好的促进作用。可以说，运动领域与元宇宙的结合最有效。

我们可以利用元宇宙打造宅家的自行车运动，引入订阅经济系统。在与他人连接的过程中，利用元宇宙起到"一起运动"的效果。订阅经济即创造稳定、确保现金的业务结构，在教育领域十分适用，能够营造"一起学习"的效果。运动具有强大的魔力，忠实粉丝众多，因此可以针对忠实用户开展业务。

"兹威夫特"（Zwift）是一款室内自行车运动模拟应用程序，目前有200多个国家和地区的250多万用户在使用。室内自行车或是一般自行车（像室内自行车一样车轮空转）安装上传感器，就可使用"Zwift"在世界各地著名的自行车路线上模拟骑行。

"Zwift"正着力打造如同实际骑行般的运动体验。用户眼前的屏幕中会出现骑行的道路，仿佛有种在户外骑行的感觉，你甚至能听到刹车时自行车轮胎与地面摩擦发出的声音。"Zwift"还给用户创建了社群，提供训练、比赛等活动。可以说，"Zwift"为身处世界各地的骑行爱好者提供了共同骑行的体验。

以2021年6月为例，"Zwift"每月向用户收取14.99美元（约1.7万韩元）的订阅费。宅家运动即将成为粉丝聚集的基地，一旦建成元宇宙，就可能成为稳定的商业模式。由运动爱好人群组成的会员资格

图 4-2 中国北京方志馆内的虚拟骑行体验服务

（图源：北京日报）

将向其他领域扩展，发挥更大的作用。

实习培训

元宇宙教育的优势之一，还在于可以任意、自由地使用教具。所有能够想象到的物品都可以成为教具，所有超越想象的地域都能够前往。你可以在元宇宙中一边探讨庞贝古城的悲剧，一边到庞贝遗址授课；如果你想学习火星知识，就能在有"太空X"标识的火星基地遥望地球授课。

2021年5月，韩国浦项工业大学开设了具备虚拟现实、增强现实和复合现实功能的新概念教室，该教室将呈现给学生身临其境般的体验。早在2021年3月，大学方就向320名大学新生提供了VR设备。

AR助力培训的例子还可体现在飞机培训领域。以往,飞机操控培训通常是飞行员操作模拟器;在元宇宙中,可以利用虚拟现实技术进行飞机操控。同样,飞机维修保养培训在元宇宙中也能够得到升级换代。以往不仅要实际进行拆装作业,种类繁多的飞机类型也不可能全部呈现在眼前。在元宇宙中,想象已化为现实。

韩国"增强智能"(Augmented Intelligence)公司研发出了利用AR进行飞机操控培训和维修保养的平台。根据韩国现行的法律,飞行员要进行飞机操控培训,需要在3架以上的实体飞机上进行操控,完成起来有较大难度。即使有这样的机构,因为费用不菲,也多使用老旧飞机。但是在AR、VR技术的支持下,可以重构尖端飞机,费用也大大降低。

"增强智能"公司"正在加速研发虚拟人机(Digital Aircraft)对话、培训系统,以及适用于非接触时代远程教育和远程工作的平台"。利用这种系统进行培训,无须培训师,飞机本身就成了老师。

医疗培训无疑是使用AR技术受惠最多的领域。解剖人体或是观看高难度外科手术的机会非常有限,因此元宇宙医疗培训亟待开发和推广。

在医疗领域,利用VR、AR技术开展培训的脚步越来越快。2021年5月,在亚洲心血管与胸外科学会年会(The Asian Society for Cardiovascular & Thoracic Surgery,简称ASCVTS)上,利用XR技术平台的"第6次延伸计划"正式亮相。参会人员在各自的实验室中穿着头戴式显示器设备,设定个人虚拟化身后进入虚拟教室,聆听有关肺癌手术和虚拟融合技术为主题的讲座,之后一同观看手术过程并进行实时讨论。

韩国圣弗西斯医院、国立中央医院以及200多家医疗机械公司和培训机构引进了虚拟医疗实习室，通过元宇宙实施非接触式医疗训练，解决了新冠疫情下无法面对面实习的问题。用虚拟、增强现实技术显示患者信息，创建虚拟患者，如同真实的实习一样，填补了医疗培训的空白。

医科大学的学生利用AR和VR技术，一边观察生动、虚拟的人体，一边学习医疗技术，这样就可以具体、准确地学习人体的骨骼、肌肉和血管构造。

2

虚拟办公室与居家办公

脸书首席执行官马克·扎克伯格2020年5月曾表示,"今后5—10年内,将有一半以上的公司员工会实现远程办公",并宣布"今后将雇用远程工作的员工,现有的员工也可居家办公"。到2030年,可以实现通过眼镜型可穿戴设备工作。

推特首席执行官杰克·多西也发送电子邮件宣布,将居家办公的选择权下放给公司员工。在由于新冠疫情不得不居家办公的现状下,"在家中处理业务的员工如果自己愿意,可以继续居家办公"。他还表示,要永久性实施居家办公制。

据统计,2020年11月,在日本12000家被调查的企业中,采取居家办公方式的公司占比为52.7%,有相当多的企业表达了新冠疫情之后将引入居家办公制的想法。一位韩国"油管主播"曾上传名为"现在辞掉公司"的视频,提及他所在的日本企业,由于公司尝试居家办公的后果对绩效没有实质影响,因此决定实施永久居家工作制。公司决定卖掉位于东京市中心的本部办公大楼,这是他在公司本部最后一天上班。这真的是"辞掉公司(建筑)"!

韩国 SK 电讯公司是韩国第一个全面实施居家办公的大型企业。韩国银行判断今后居家办公会呈现混合型的趋势,居家办公和去公司办公同时存在。不是全面实行居家办公,而是确定固定时期的居家办公,或是为了生育在一段时间内居家办公。

企业在了解到居家办公的优缺点后,纷纷提出居家办公的愿景。从"ESG 投资"层面来看,居家办公是可行的。"ESG"是指企业中非财务要素的环境(Environment)、社会(Social)及治理结构(Governance),正成为企业投资的标准。如果全面实施居家办公,将减少交通、空间使用频次,减少碳排放,节约社会成本,也能解决低出生率、老龄化、城乡差别等社会问题。

从企业立场来看,人才雇用的范围将更加宽广,也能积极雇用地方人才;进军海外市场时,无须设立办公室和开设营业场所,只雇用当地的人才即可;公司本部雇用外国人才更加自由全面,也无须在城市中心设立总部办公大楼——对企业来说,首要目标就是节约固定成本。

当然,居家办公也存在缺点:源自偶遇和对话的创造性想法将会减少。奈飞公司首席执行官里德·哈斯廷斯(Reed Hastings)曾提到,"如果要有新发明创造,应该是公司成员围坐在一起进行头脑风暴,而居家办公很难达到这种效果"。已故的苹果公司首席执行官史蒂夫·乔布斯也说过,"仅用电子邮件和互联网聊天研究不出想法,创意是从即兴见面和临时组织的讨论中产生的"。微软首席执行萨提亚·纳德拉(Satya Nadella)也表示,"员工在开会前的两分钟就已经被偷走了"。

这些首席执行官对居家办公持否定意见,认为会减少创意的产生。但从另一个角度思考,通过偶遇、横向见面和排除偏见的见面,进行自由、有创意的对话,不正是元宇宙的特点吗?事实上,这些首席执行官虽在正式场合没有提及,但担心居家办公员工偷懒减少工作量是顾虑之一。在元宇宙中,虽然所处空间不同,但都会在同一个时间段居家办公。只需按动按钮,或只做转动头部的动作,就能同"旁边"的人对话,这种同步性能够完善稍不留神就会断开思路的居家办公环境。

如今的视频会议系统还有很大的提升空间,因此,我们期待元宇宙在促进居家办公方面发挥更大的作用。

居家办公工具

用居家办公工具来考察一下元宇宙的可实现性。强大的居家办公工具"集镇"的形象就像是过去电子游戏中的角色,但使用过该工具的用户对其评价很高。虽然使用"集镇"与在实地办公室上班的感受不同,但与别的居家办公工具相比,工作方式或感觉还是有所区别的。

在"集镇"的元宇宙中,虚拟化身的职业着装可以进行变换,却听不到"今天是不是有约会"这样的调侃。虚拟化身坐在自己的座位上办公,办公桌上也可以根据自己的喜好摆放花盆等,员工可以在留言板上确认工作通知。

"集镇"的优点在于,虚拟化身彼此接近时,视频聊天就会打开并进行对话;虚拟化身间的距离变远后,视频聊天就会结束。说话不方便或是工作繁忙时,可以将状态设定为"业务模式"或是"忙碌模式"。职场中礼节性和无意义的交谈很多,因此在现实生活中,公司一般会规定业务时间内禁止聊天;而在"集镇"中这种功能执行得更加自然。

在"集镇"上,工作间歇可以与同事到自助餐厅喝茶、聊天,或是在会议室开会。虚拟化身每到一个地方,就可以执行与这个地方相符的功能。作为一种元宇宙业务平台工具,"集镇"可以强化工作的同步性和双向对话的沟通性。在职场上,我们或许会因为职务或年龄等原因,沟通存在障碍,但这种障碍在元宇宙中会有所减少。看到领导的虚拟化身时,你不会感到高高在上,相反会觉得有些可爱。

"Spatial"是一款具有强大协作优势的元宇宙工具,也是所有AR、VR设备可运行的混合现实平台。2021年4月,脸书韩国公司在"Spatial"上举行了新闻发布会。通过"Spatial"平台,用户能够举办会议或是参加座谈会等非接触式的聚会。"Spatial"会打造与现实中的"我"酷似的3D虚拟化身,以往可能需要通过VR、AR技术才能实现,现在用普通网络即可实现。与一般视频会议相比,更接近于《王牌特工:特工学院》(*Kingsman: The Secret Service*)中看到的3D全息图像会议,沉浸度非常高。

"Spatial"平台的优势在于打造如真实场景般的会议形式。会前准备资料是一项相当烦琐的工作,在"Spatial"平台上,不仅能够轻松共享资料,还可以边上网边聊天;不仅能够看到图片或视频,与像谷歌云盘这样的外部APP连接也很容易;此外,还能实时确认基于3D数据生成的3D效果图,共享2D、3D设计。

"Spatial"平台对从事设计工作的员工帮助极大。脸书公司在其

第四章 商业走向：元宇宙中的行业机遇

AR和VR设备以及"地平线"的上市计划中，邀请"Spatial"成为它的合作伙伴，可见脸书正在进一步确立它在元宇宙领域的核心地位。

陆续还会有更多的居家办公工具被研发出来。究竟是哪些业务协作工具将会获得较大市场，或许需要更多的公司进行市场检验后才能见分晓。因此，全球性企业正在争先恐后地构建适合居家办公的元宇宙。2021年3月，微软研发出了多人共享虚拟空间技术"无线网格网络"。据报道，利用"无线网格网络"，身处世界各地的人可以聚集到同一空间，共同观看3D资料，共同完成任务。

韩国企业"主立面"（Frontis）正在研发3D元宇宙解决方案，为企业提供协作工具服务。该方案的主要目标是在虚拟空间内搭建公司空间，租赁已设置完全的"元宇宙办公室"，以便让虚拟化身能够到虚拟办公室上班。虚拟办公室的搭建速度快得超乎想象，一周就可以完成普通办公空间的搭建工作；即使制作定制化空间，也只需要两个月就能筹备完成。

居家办公存在沟通成本增加及其他网络链接不稳等问题，这在元宇宙的虚拟办公室中都能被很好解决。与传统视频会议工具或按时打卡的工作体制相比，元宇宙虚拟空间更能激发居家办公的潜力。

居家工作引发的产业变革

早前，亨利·福特（Henry Ford）在汽车制造中引进了传送带装置，遭到工人反对；为此，福特缩短了工人们的劳动时间并提高了他们的工资标准。1914年时，工人就拿到了5美元的日工资，甚至出现了"皇帝工人"的说法。福特实施的"5 天 ×8 小时"的工作制度，在 100 多年后，形式上没有太大的改变。但如果因居家办公使得元宇宙成为新的工作平台，将会引发历史性的变革。

▎商业地产

在韩国，商业地产的需求越来越小，卖家市场的时代趋近落幕。房东们为了填满空置房到处寻找租客，压力倍增。虽然人气火爆的黄金地段建筑还有需求，但大部分商业地产与之前相比空置率高居不下。全球的房地产市场情况大致相同。根据全球房地产服务及投资管理公司高力国际（Colliers）的调查结果，2021 年 5 月，纽约曼哈顿地区的办公室空置率达 17.1%，创历史新高。

在韩国首尔市内，即使不关注具体数据，我们也会发现，挂着"租赁"招牌的大厦几年来呈增长趋势。随着互联网商业模式的兴起，需要线下办公空间的项目逐渐减少。一些企业已预见到疫情后市场的疲软，正在逐渐收缩办公空间。

居家办公不仅会引发办公空间的租赁量下降，公司附近的餐饮店、咖啡馆，以及瞄准上下班流动人口而开设的个体经营者均会受到打击，商业地产的价格将会进一步下跌。根据韩国银行经济研究所的报告，2021 年第一季度，韩国境内商家的租赁价格指数环比全线下落，全国中大型商铺空置率达 13%，创历史最高纪录。

▎居住地产

有房地产专家指出，韩国首尔江南区之所以被称为黄金地段，是因为公司多聚集在那里。居家办公方案的实施令职场人无须在公司附近购买价格高昂的房产，在郊外独栋住宅中生活的梦想变为可能。近期首尔近郊独栋住宅的需求量呈上升态势，年轻人成购买主流，居家办公是其原因之一。

元宇宙时代的居家办公，令节约了时间和体力的职场人把更多的心思放在了房屋装修上，开始建构独有的个性空间。家成了生活重要的组成部分。

▍化妆品、服装类消费减少

对职场人士来说，居家办公之后，穿着正装的机会变少了，只有在结婚、丧事等重要场合才有机会穿，平时大部分时间主要穿着方便、舒适的休闲装和运动装。

也正因为如此，化妆品行业正经历着顾客的流失；精心装扮的外出机会减少，服装类的销量也在下降。与此相反，与休闲类、运动类服装和趣味生活相关的支出逐渐增加。

元宇宙将进一步推动居家办公，元宇宙也加速实现了多款居家办公工具。这是百年后职场人工作形式的新变化，我们需要运用智慧去应对后疫情时代。

3

重新定义连接的方式

受新冠疫情影响最大的恐怕是文体行业。由于大规模人群聚集、活动场地较为复杂不利于疫情防控等特点,所有的演出、文体论坛、体育竞赛等大型活动被迫取消。活动取消并不会对人们的日常生活产生实质性影响,但由于各种活动被无限期推迟,很多大型活动策划公司濒临破产。

也有不少企业根据疫情情况适时调整,试图开发新的业务增长点。有些企业将线下活动改为线上直播,尚不能满足参与者的要求。线上活动有其独特性,随着利用元宇宙的活动逐步开展,元宇宙活动的标准或方向正被进一步实践。如果能充分理解元宇宙的特性,举办与其相适应的活动,就会跨越传统空间限制,参与活动的人数也会呈指数级增长。

乐天免税店(LOTTE DFS)每年都会举办"家族演唱会"。2019年,其在首尔奥林匹克体操比赛馆举行的演唱会有3万多人参加,

"TWICE"[1]等当红偶像团体进行了表演。2021 年，因新冠疫情，演出以非接触形式进行。

乐天免税店与韩国娱乐媒体公司"CJ ENM"（E&M）公演事业部协作，使用了增强现实等虚拟融合技术，为外国观众提供了韩语、英语、中文（简体和繁体）、日语、越南语等多种语言服务，演唱会网站总点击量达 300 万次。通过这次活动，乐天免税店吸纳了 70 多万韩国本土新会员以及 63 万外国新会员，彻底"发了大财"。

元宇宙将建立两极分化的演出生态系统。目前有足够经费和成熟技术力量来举办元宇宙音乐会的主体还不多，在演出、活动、庆典、论坛等专业领域，发展趋势正在发生变化。在元宇宙中，文体领域的从业者正在寻找和体验新的形式。

专业演出平台

Ⅰ 基于大规模粉丝的元宇宙

元宇宙或许最先出现在演出平台。元宇宙的核心是庞大的粉丝群体，这也让其区别于以往的互联网直播演出。因此，在设计中，要最大程度放大粉丝和艺术家的纽带，使双方有同步、融为一体的感觉。

在韩国，"大撞击"娱乐公司（Big Hit）已经改名为"HYBE"。"HYBE"象征着"连接、扩张和关系"。"HYBE"构建并运营粉丝平台"我宇宙"（Weverse）。在"我宇宙"中，粉丝们可以与音乐人交流沟通，每年有多达 2000 万条的回复和反馈。平台提供自动翻译

1　TWICE：韩国女团名，由每个成员的首字母组成。——编者注

功能，即使用中文、越南语上传的帖子，也能用韩语浏览。此外，在"我宇宙"上还能买到演出入场券和周边商品。

"HYBE"公司还收购了月活跃用户达3000万的全球性粉丝社区——"纳瓦在线"（Naver V Live）平台，此举是对"我宇宙"竞品平台的整合。此外，"HYBE"还接受了纳瓦公司和"YG娱乐"公司的投资，2021年还收购了美国演艺策划公司伊塔尔控股，同时确保了贾斯汀·比伯（Justin Bieber）和爱莉安娜·格兰德（Ariana Grande）等歌手的相关知识产权（Intellectual Property，简称IP），从一个"K-POP"专用平台变身为全球性平台。"HYBE"虽说还处于事业初期，但通过风险投资，正在拓宽业务范围，不排除未来会收费的可能。

为了对抗"我宇宙"的横空出世，韩国"NCsoft"网络游戏公司与卡考携手，构建了"联宇宙"（Universe）粉丝平台。"联宇宙"以"K-POP"社群活动为中心，用户可以在平台上收听、收看"K-POP"歌手的歌曲，平台还提供线上音乐会观看、独家视频、基于艺术家的人工智能服务等。目前，该平台的音乐家知名度和用户数还无法与"我宇宙"抗衡，但其计划通过新的投资构建一个全新的元宇宙粉丝平台。

▍基于中小规模演出的元宇宙

以粉丝量为基数的演出型元宇宙，正在给无数娱乐行业从业人员带来希望，但同时也带来失望。如果没有充足的资本或没有风险投资支持，根本无法涉足这一领域。

目前现行的元宇宙演出平台资金较为雄厚，但之后也会出现专业型的元宇宙演出平台。这类平台的核心竞争力是艺术家的自身能力与流量，他们的忠实粉丝支撑了后续的商品售卖或签名会等创收活动。

基于中小规模演出的元宇宙平台进入市场时，核心竞争力是确保优质内容的输出。中小规模的娱乐企业与具有一定技术能力的IT企业联合的可能性最大，仅靠有限的艺术家无法产生影响，或许会与网络漫画或网络小说一样，通过公开竞争来辨识优劣，评选出优质的新人。

在元宇宙中，也可以进行街头表演。纳瓦旗下的崽崽公司计划公开它的街头表演空间，这个空间准备建在汉江公园一角。如果街头表演非常火爆，那么就能从平台上举办音乐会。如此一来，既能保障高收益，还能吸引粉丝，何乐而不为呢？

元宇宙或许也是个音乐会平台。2021年，"X宇宙"（Xverse）推出了一个基于区块链元宇宙服务的平台——"RO:MONG"。在这个平台上，人们可以通过虚拟化身实现平时的愿望，就如同游戏《第二人生》一样，经营自己的咖啡店，购买房产或是汽车。需要注意的一点是，人们通过虚拟货币产生了实际的经济活动。在"RO:MONG"中同样可以进行街头表演或是举办小型音乐会，像现实生活中的演唱会一样收取门票。

▎元宇宙演出新形态

"娱乐元宇宙"甚至能改变一般演出的形式，创造出元宇宙独有的演出形态。艺术家既可以身处亚马孙丛林演出，也可以瞬间移动到火星上进行表演。

利用 AR 技术，艺术家可以出现在我们的日常生活中。利用全息数字技术或 AR 技术打造出数字人，这样无论在何时、何地，用一部智能手机就可以欣赏喜欢的元宇宙内容。

韩国 SK 电讯公司已经涉足了以"K-POP"偶像打头阵的数字人内容制作领域，通过"K-POP 元宇宙项目"，在自有平台"Jump AR"上公开"Weekly""STAYC"等偶像团体的数字人形象。用数字人打造的偶像组合伴随着音乐翩翩起舞，体现出"K-POP"的元宇宙环境。目前来看，这些组合的认知度低，更多的是形象展示；但如果技术稳定，收益结构成熟，会有越来越多的音乐家愿意尝试这种元宇宙独有的演出形式。

目前，数字人在很大程度上是基于日常生活中的会面场景制作的，其目的并非为了演出或公开播放。因此在设计收益结构时，要将数字人与商务代言等形式结合起来。基于粉丝的收益模式是具有可行性的，比如用户喜欢的歌星以数字人的方式在手机上唱歌，或提供叫醒服务等。

元宇宙技术既然想满足用户的多种需求，就要研发与之相适的内容。重要的是，不论是什么样的元宇宙，最适合的才是最好的。

元宇宙活动代理

疫情给很多产业予以重击，韩国的活动代理行业也损失不小。活动纷纷被迫取消，即使业内的龙头企业也不得不关门停业。

后疫情时代，活动代理行业是否能起死回生？目前来看形势不容乐观。一旦企业停业 6 个月及以上时，重生的机会微乎其微，不得不重新思考应对之道。

以往，韩国教保人寿保险公司会以季度为单位，邀请知名人士举办演讲。演讲通常在光化门教保人寿保险公司大厦23层、能容纳300—400人的演讲大厅举行。疫情期间，演讲的形式变成互联网直播，原来邀请的演讲者需要一边播放演示幻灯片一边进行直播。互联网直播注重实时沟通，演讲者在演进的同时还要翻看帖子。如果一一回复，已准备好的讲义内容就不能宣讲，因此演讲不得不换成脱口秀，即主持人与演讲者交谈的形式。这就需要主持人有双重能力，既要随时关注帖子，又能引导演讲者发表见解和对参与者进行反馈。

在这种新形势下，活动代理行业将分化成两种形式。传统线下活动没有完全消失，利用元宇宙的新形式又能与传统形式共同发展。

元宇宙的活动形式大致分两类：一类是元宇宙原生活动（初始就在虚拟世界内展开），另一类是基于现实的元宇宙活动（在元宇宙内打造实际世界）。

▌元宇宙原生活动

2021年6月，卡考游戏（Kakao Games）作为业内首家推出虚拟新歌发布会的公司，利用增强现实和扩张现实接轨技术，向人们传递了近于现实的影像。无独有偶，有些类似活动索性直接在元宇宙平台上举办。

2021年5月召开的"2021独立制作线上虚拟游戏展"，是韩国国内第一个应用元宇宙的游戏展览会。"2021独立制作线上虚拟游戏展"是在元宇宙平台"迪托大陆"（Ditoland）上举办的。因是在虚拟空间上且可24小时参观，因此不仅是韩国国内用户，很多国外用户也能参与其中。

虚拟展示空间构建得就像游戏环境般,观众的虚拟化身站在相关展台前,就会出现展示游戏;通过聊天软件,还能与研发人员进行沟通;如果召开商业会议,平台还会提供语音聊天和翻译功能。观众可以参观不同主题的展示馆、玩小游戏获取"星星"奖励值,并用这些"星星"奖励值参与抽奖、获得奖品。

元宇宙活动的最大优点是 24 小时开放、全球参与、入场观众人数无限制以及观众参与度高等。元宇宙活动克服了线下活动的局限和困难,参与人数呈指数级上升。如果能够获得持续性正反馈,线下活动势必会相应减少。

▎基于现实的元宇宙活动

2021 年 5 月举办的"2021 首尔玫瑰庆典"由线下活动和线上活动共同组成。原本计划举办 3 天的活动,由于新冠疫情调整为在 16 个小型玫瑰花园分别举行。活动方将首尔玫瑰庆典地图植入到元宇宙游戏平台"我的世界"中,让人们在元宇宙中游览玫瑰花园。

事实上,只有将现实中的庆典或活动用元宇宙形式体现或代替,人们才能了解元宇宙的真正价值。2021 年 5 月,具有代表性的元宇宙庆典活动在韩国建国大学举办。这场在线上举办的"康达特"(Kon-Tact)艺术节,由建国大学与 VR 游戏企业"游乐公园"(PlayPark)联合举办。在建国大学虚拟校园"建国宇宙"中,学生们以各自的虚拟化身参观再造空间,与同学进行实时沟通。

在艺术节中,虚拟化身可以尝试几种特殊的体验,如对随机出现的流浪猫、鹅、鳖等动物进行认证的活动,在虚拟学生会馆参与密室脱逃游戏，用参加游戏获取的校园币购买服饰用以打扮虚拟化身，等等。此外，还准备了第一人称虚拟空间画廊、电子竞技比赛大会及演出活动等。

艺术节只需通过电子邮件账号认证即可参与。据统计，这场艺术节共有 5500 多人次访问，三分之一的在校生参与了活动。相比传统线下艺术节，线上活动可谓大获成功。

建国大学的"元宇宙艺术节"基于现实校园，以建国大学学生为对象举办。从这点上看，这次庆典比任何大型活动的约束力和反馈都高。这样看来，如果是有特定的目标群体，策划有针对性的元宇宙活动，会获得高满意度的反馈。

观看体育比赛

可以想见，VR 或 AR 技术在体育领域的应用会更加脱颖而出。你可以使用 VR 从第一人称视角观看逼真的图像，并可以通过 AR 技术实时分析各种信息。

Ⅰ 用元宇宙打造的体育直播

2021 年 6 月，在韩国 SK 电讯公司和卡考公司联合举办（SKT-Kakao VX）的"2021 年 SK 电讯高尔夫球公开赛"期间，元宇宙直播首次被引入。在虚拟的三维球场上，主办方给观众展示了各种比赛数据：如球的落下位置、球的轨迹、剩下的距离及挥杆分布图等；利用雷达技术，在虚拟空间真实地展示选手开球轨迹；利用人工智能技术预测最后一个洞时选手的推杆线，并与实际选手推杆时的结果进行比较。

与其说是元宇宙,不如说是利用三维图像技术让电视画面更加好看。到目前为止,元宇宙的定义和范围还没有被最终确定下来。我们与其只拿着虚拟技术、有沉浸感的视频说这就是元宇宙,不如期待它成为一个契机,凸显作为元宇宙基本形态虚拟化身的存在感,以发展出类似实际元宇宙的形象。

元宇宙应用于体育领域时会有什么特征呢?首先可以试着考虑,来到体育场并坐在你选择的座位上,从你座位所处的角度观看体育视频。其次,你可以选择想成为的主体,是从球员、裁判,还是替补球员的视角,仿佛自己成为比赛的一员,随时参与比赛。最后,是一起观看比赛时的体验。元宇宙双向互动性和同时性的社群功能,使得人们能够获取与别人一起观看体育比赛的服务,粉丝们还可以聚在一起给选手加油助威。这样既能激活社群功能,又能增加销售商品等的功能。

在2021年韩国棒球全明星赛上应用的元宇宙技术,是在"高尺巨蛋"运动场上设置360° 三维摄像头和移动型"飞猫系统"(Wiral LITE)以进行直播。任何人都可以使用VR设备在任何地点实时观看比赛,也可移动到投手、击球手、接球手、内场手、外场手、裁判等位置观看,如同亲身参与比赛一般。观众在虚拟空间建立虚拟化身,可以与棒球选手进行友谊赛;主办方还开设了周边商品的售卖渠道。

与其他体育比赛相比,高尔夫球或棒球显得较为静态,因此设置摄像头较为容易;在足球比赛中,从球员的角度设置摄像头直播颇有难度。但是,随着摄像头日益小型化、便携性的技术革新,情况很快会得到改进。如果这些技术能够在足球、排球、篮球等各种体育比赛中应用，将会产生爆炸式的协同效应。

▎基于粉丝的元宇宙体育队

元宇宙并不仅用来进行体育比赛的直播，还可以为特定运动员或队伍加油助威。我对足球的喜爱虽不狂热，但也算是足球运动员孙兴慜的球迷。为了能尽早得到有关孙兴慜的新闻或讯息，我也去寻找了孙兴慜所属队伍的元宇宙。

皇家马德里是一支著名的足球队，3D工厂为其构建的"皇家马德里虚拟世界"（Real Madrid Virtual World，简称RMVW），为全世界4.5亿皇家马德里球迷在虚拟空间中提供亲临皇家马德里球场的体验。"皇家马德里虚拟世界"是将皇家马德里球队所在的实际场景原样搬到虚拟空间中，利用数字孪生技术将训练场所、队员宿舍等建筑"复制"到元宇宙世界。

"皇家马德里虚拟世界"还为全世界120多个国家和地区的皇家马德里球迷提供翻译服务。语言不通的球迷可实时沟通，共同为皇家马德里加油助威，此外还有贵宾服务。

元宇宙真正的魅力在于"让不可能成为可能"。例如，你可以进入与现实场景布置得一模一样的皇家马德里博物馆，里面摆有根据实际尺寸扫描的优胜奖杯。如果在现实的博物馆中，你看奖杯时可能会想"这就是一个奖杯"；但在元宇宙中，如果你点击奖杯，会立即播放获得奖杯时的比赛画面，可以重温球队获胜时的喜悦。

体育队的元宇宙空间适用于全球粉丝。拥有元宇宙服务功能的队伍与不具备该功能的队伍相比，能够获得更高的人气。美国职业篮球联赛（National Basketball Association，简称NBA）或是美国职业棒球大联盟（Major League Basebal，简称MLB）之所以能红遍全球，是因为全世界都在直播比赛。直播收入的增多，能够令球队有更多资金物色更有实力的队员。一流队员让观众欣赏到世界级的比赛，同时收获粉丝；反过来，越来越多的球迷会去观看比赛，形成良性循环。

如果每支球队都搭建了自己的元宇宙并向全世界开放比赛画面，或许就会出现阿根廷人为"韩华鹰队"（韩国职业棒球队）加油助威的场面。

元宇宙论坛

论坛的形式一般有研讨会、说明会、发布会等，既有主动、积极参与的活动，也有被动、消极参与的活动。这类活动的元宇宙搭建如果过度向"诱导参与"方向设计，就会让参与者感到不知所措。可以说，这种活动的核心是信息传递，而不是感受或体验。

Ⅰ 全息图像会议

在论坛或研讨会中，与会者可以坐在一起共享信息、交换意见。利用全息图像技术，能让论坛更显生动。

2021年5月，在首尔钟路区"KT广场"召开的"2021全球青年气候环境行动挑战赛"（GYCC）上，来自韩国的代表出现在现实的舞台上，而瑞士、丹麦的代表是用全息图像登场的。他们在20分钟内就气候和绿色发展问题交换了意见。市政厅会议中应用了"全息远程呈现"(Hologram Telepresence)技术,这是现场感最强的全息图像,是一种主要用于大型展示物、内容复制、演出等的技术。

与传统的视频会议相比,这种技术能够令参会人员将精力更集中于发言者及其观点,且有种身临其境的感觉。未来这种技术将被更广泛地运用到各种国际性活动中。

▌虚拟会场

在举办论坛或研讨会时,总有参与者不愿意露自己的身份。如果参与者以虚拟化身的方式出现,就能增加他们的参与度和积极性。

有的会场或舞台前设有大型屏幕,人们的虚拟化身可以寻找合适的位置观看屏幕、聆听演讲,以语音或文字聊天的方式提问。如果需要与其他人交流,还可以进入专属房间,边聊天边听会议内容。而现实生活中,在研讨会上交头接耳会被认为是不礼貌的行为。

图 4-3　Facebook 推出"Horizen Workrooms"VR 虚拟会议室功能

(图源:搜狐网)

研讨会和论坛演讲者的核心环节是讲授内容及讨论部分，而说明会和发布会的核心内容是信息传递。也有一些人不想大张旗鼓地参加会议，虚拟会议对他们来说或许更美好。

韩国SK电讯公司新打造的"Ifland"平台是一个最多可容纳120名虚拟化身聚集的社交世界。在这个虚拟世界里，可以举行会议、演出、展示等活动。那些喜欢非接触会议的用户可以邀请熟人进入"虚拟会面"参会，用三维方式呈现的屏幕、舞台、座席等，能够使用户有亲临现场般的感受。

2021年4月，韩国SK电讯公司在该平台举办了招聘说明会。600名应届毕业生分批次以虚拟化身参会，与招聘负责人进行沟通，获取信息。因为是以虚拟化身见面，毕业生们感觉十分轻松，沟通没有负担，问答也十分活跃。

2021年1月，大学生联合IT创业社团"索普"（SOPT）在"集镇"平台举办了400人规模的演示日活动（项目模型公开活动）。参会者进入专属房间开始演示，导师则通过实时语音聊天的方式进行提问。演示结束后，参会者可以前往发布大厅与其他人自由聊天，如同在现场活动一般。

4

制造业与建筑业的创新

元宇宙是最新技术的集合，人们普遍认为其更适用于IT、通信、内容或娱乐产业，但在制造业和建筑业中的应用度并不高。实际上，在制造业和建筑业中应用的元宇宙，会因其高效的特点为这两个行业节约大量经费。

电影《钢铁侠》的主人公托尼·史塔克（Tony Stark）是个天才工程师，在设计、组装机器的过程中，先是在虚拟空间用XR打造的模拟功能进行设计组装，再进行实际的制造生产。

设计、制造与仿真

元宇宙的虚拟现实系统正更多地应用到设计作业中。输入测试必需物件的物理数值和特性，在与现实相似的虚拟空间中进行实验。如此便可以摆脱时空制约，大大缩短研发时间、节约研发成本。特别是在需多人协作的情况下,团队成员可用虚拟化身讨论并修正设计出的结果。如果发挥元宇宙的优点,就能将在首尔、纽约、孟买的作业人员聚在一起共同设计。

"狂野"(The Wild)是一款基于 VR 的远程建筑设计协作平台的专业化服务,给用户展示在虚拟空间里设计的建筑,接受用户反馈并立即将之视觉化共享。在这个虚拟空间内可供 8 个人进行协同操作。

用远程方式见面,利用 VR 提高沉浸度,用户可以共同设计、讨论和修改。同时,由于可以实时看到同事修改设计的场景,也可实时传递反馈。以往,行业内常用亚克力制作模型给顾客展示并接受反馈,用这种方式制作不仅费时费力,也不容易修改。

汽车行业也可以使用元宇宙设计平台。特别是通过仿真技术,在设计、行驶感觉等需要具体调整的环节中积极使用元宇宙。保时捷(Porsche)是积极在虚拟空间进行汽车行驶实验的企业之一。保时捷将研发中的最新车型"马可"(Macan)电动车放置在虚拟空间中,进行多种仿真测试之后,再进行真正的公路行驶。这样做能够模拟考虑空气阻力的设计,随时修改。保时捷大力应用元宇宙,组织电子竞技队参加在"虚拟勒芒(Le Mans)24 小时赛"等元宇宙空间中举办的赛车大会。

宝马(BMW)公司正从英佩游戏平台接收基于虚幻引擎的宝马定制型引擎。这是通过仿真模拟,测试宝马研发的车辆而构建的现实般元宇宙环境。

在制造和建筑行业,元宇宙聚焦于再现现实体验,忠实地反映现实的物理法则和环境,以便能够有效地进行仿真模拟。如果量子计算、

第四章　商业走向：元宇宙中的行业机遇

显示技术再成熟一些，便可用元宇宙进行更复杂的科学实验。我们期待通过元宇宙的模拟实验再现宇宙诞生。如果在不同的制造业中善用元宇宙技术，将会极大地缩短和节约在设计、试验和通过模拟修正的过程中所耗费的时间和成本。

虚拟工厂

在制造业中，除了商品制造，在设备维修管理时也能利用元宇宙。从工厂商品的制造、管理、上市，乃至维修的全过程，均可用元宇宙构建。

欧洲最大的飞机制造企业空客公司通过名为"米拉"（MIRA）的AR系统，用三维形式向工程师提供公司制造飞机的所有信息。利用智能眼镜、平板电脑，工程师就能轻松把握作业中所需的零配件信息、库存现状、整体组装图纸及工厂开工状况等。通过这种方式，公司成功将"A380"机型的部分零配件检查时间从3周缩短到3天，整个工厂的制造流程都被放入元宇宙系统。

与此相关，韩国政府宣布2024年将建成扩展现实学校的计划，扩展现实是结合了虚拟现实和增强现实的混合现实技术。这项计划相当于政府宣布，将加速进入在元宇宙时代制造业正式寻求产业转型的行列——原因是要提高制造业生产力。在汽车、化学、造船、海洋产业等重工业领域构建虚拟工厂；通过合作，在虚拟环境中共同设计。当然不止这些，还要通过在虚拟工厂的模拟，进行产品质量检查；管理制造工厂的运营；判断各种零配件的信息、库存现状、工厂开工情况等，并据此调整作业过程。

在制造业中应用了增强现实的元宇宙，甚至将对制造现场的作业环境进行智能化升级，产生直观的变化。元宇宙中的智能工厂，将是基于大数据、人工智能、机器学习运转的工厂，以可视化的形式呈现给我们。

虚拟住宅

在建筑行业中，能够迅速应用元宇宙技术的似乎是设计部门。此外，在建设的过程中或是在为消费者展示的过程中，也将应用元宇宙。

▍虚拟住宅展示馆

建筑公司在建造建筑物之前，需要先建样板房，再开始销售。建造样板房需要付出成本，建完拆除还会浪费资源；但是作为消费者来说，买房子是一笔巨大的支出，若不能亲眼确认，是不会轻易购买的。为此，建筑公司在尝试应用数字孪生技术构建住宅展示馆。顾客进到展示馆里，观看用三维技术打造的住宅并做出选择；或者选择壁纸或装修材料，在虚拟空间观看装修效果。如果可以合作，或许可以通过展示产品提前订购家具和电子产品。

2021 年 4 月，韩国浦项钢铁（POSCO）公司开设了虚拟住宅展示馆，提供体验服务，让顾客可以有亲临样板间的感觉。从小区介绍，到地理位置参观、内部参观、咨询预约等，通过 3D VR 设备还能看到小区内的各种社区设施。虽不能说是成熟的元宇宙，但为未来形态做出了尝试。

第四章　商业走向：元宇宙中的行业机遇

施工管理平台

在建筑领域，设计固然重要，后续的施工环节也不容小觑。在施工现场，作业人员很难准确地检查施工是否正确。如果一一确认，不仅浪费时间，费用也不菲。若能在施工环节中引入 AR 技术作业，则可有效进行施工管控。

韩国现代集团研发的"AR 质量管理平台"，不仅能够在施工现场直观地掌握作业环境和内容，还能有效地履行施工质量检查任务。工

图 4-4　穿戴"HoloLens"设备检查施工位置和作业环境
（图源：Microsoft HoloLens 官网）

人可以利用微软研发的 AR 可穿戴设备"全息透镜"（HoloLens）进行客体信息确认、长度测量、3D 模型制作（移动、复印、扫描、回转、模型过滤、隐藏）等。简单来说，就是在实际的建筑物之上构建增强 3D 模型，有效预测施工后的质量。这样一来，在建筑领域，元宇宙的技术不仅可以用于施工管理阶段，也可以用于质量管理和安全检查阶段。

5

无限扩展的元宇宙商业

平台最终会与商业相连。在美国上市的韩国跨境电商酷胖公司2020年的交易额为24万亿韩元，纳瓦购物的交易额则达28万亿韩元。纳瓦基于搜索平台获得了大量的用户，虽不是购物专业企业，却拥有更多的销售额。

有人的地方就有商品和流通。以往，美国奈飞公司专注于内容制作，甚至不接受广告。据报道，2021年6月奈飞公司开设了线上商店（Netflix.shop），几个月内将商店运营扩大到其他国家。商品种类有手表、宝石、收藏品、家居装饰和日常服装等。公司计划利用奈飞人气内容IP展示相关的产品，如《巫师》（*The Witcher*）中的亨利·卡维尔（Henry Cavill）提着的刀，或者《胜利号》中金泰梨（Kim Tae ri）穿过的飞行员夹克等。有评价认为，奈飞公司的线上商店业务是一种商业战略，在"OTT"市场竞争者增多、会员吸纳受到限制的情况下，利用已有会员增加销售额。

迄今为止，元宇宙与现实商业成功连接的案例并不多，随着用户数量的增多，其终将与商业相连。

购物体验

人们在线下购物时，能够亲眼看到、亲手摸到商品是最大的吸引力。衣服、鞋子、饰品等商品，模特的穿着效果和自己的穿着效果还是有很大差别。线上商业往来初期，电子产品很容易成交，但时尚商品的交易很难达成。

随着线上购物技术的日趋成熟，利用AR来试穿衣服、试戴饰品的服务更受欢迎。珠宝品牌"金露珠"（Golden Dew）的"AR虚拟试戴"服务令消费者可以更加直观地挑选适合自己的产品。购买戒指时，也可以实时识别手指的位置、姿势和长度等，减少型号误差，AR技术能够在一定程度上保证购物的有效性和实用性。

与嫁接AR技术来展示服装、饰品相比，未来的购物体验是将购物空间放到元宇宙上。有的企业正在尝试用3D形式体现实际的卖场，以提升现场感。

时尚品牌华伦天奴用数字孪生技术构建了创意总监皮埃尔·保罗·皮切奥利（Pierpaolo Piccioli）的家。这个虚拟的家设计得如同实际的家一般，访客在参观房间的过程中，点击鞋子、衣服、皮包等产品，就会链接到购物网站。

另一时尚品牌巴宝莉将不同地区的卖场进行3D扫描，用数字技术来体现。韩国新世界国际（Shinsegae International）公司用3D扫描技术，扫描"保罗·史密斯"（Paul Smith）和"男士之惠"（Man

On The Boon)等品牌时装,将线下卖场打造到线上。韩国科隆(Kolon Industries)公司利用本公司休闲装品牌"幸运玛雪"(Lucky Marche),嫁接虚拟现实,展示 VR 商店,取得了增加客流的效果。

不仅仅是个别品牌,百货商店也参与到这种购物体验中。韩国现代百货商店(The Hyundai)运营了"VR 板桥[1]乐园",用数字技术复制板桥店到虚拟空间,让顾客利用 VR 技术逛商场。"VR 板桥乐园"是一家采用 VR 技术的虚拟百货商店。在这里,顾客可 360° 环视板桥店从地下一层到地上十层的 50 多个销售区域,"菲拉格慕"(Ferragamo)、"巴尔曼"(Balmain)等名牌卖场单独设店,顾客可仔细浏览卖场中陈列着的商品。不仅可线上购买,还可利用"卡考说"咨询,向店员询问后再购买。在百货商店中走走看看,也会有小游戏出现,玩小游戏还能赢奖券。无论从哪方面来说,都比实际的购物有意思。

购买的商品固然重要,但也有的顾客重视购物体验,从体验中寻找乐趣。虽不能说是正式的元宇宙商业时代,但我们分明生活在走向未来元宇宙商业的实验阶段。

元宇宙商业

元宇宙中实现的商业是指在元宇宙中通过虚拟化身、间接试用商品,将购物与体验连接起来,直至购买和配送的系统。

2021 年 3 月,日本大型百货三越 & 伊势丹(MITSUKOSHI)

---

[1] 板桥:首尔一地名。——译者注

通过名为"来福世界"（Rev Worlds）的元宇宙，开展新宿店的购物服务。不仅是日本顾客，海外消费者也可访问虚拟世界的百货店进行购物。

现在的技术已经实现与进店的顾客进行对话、自由沟通和辅助购物，当然顾客的日语要说得好，因为目前还不能提供同声传译服务。虽是试用版本，只公开限定的空间，但有报道说商店将会陆续开放其他空间和更多店铺。

"商业元宇宙"中虚拟化身的设定需要与自己酷似。只有这样，才能在试穿衣服、试用化妆品的时候，与现实接轨，而这需要利用数字人技术创建一个与真人一样的虚拟化身。事实上，考虑到一般用户的电脑性能和互联网速度，普及起来有一定难度。当需要打造与实物接近的游戏时，需要使用虚幻引擎工具，但是用虚幻引擎打造元宇宙的制作费用很高，在用户的使用环境中也未必能够驱动。

这样看来，正式打造"商业元宇宙"或许还需要一段时日。5G是新一代移动通信技术，比4G的长期演进技术（Long Term Evolution，简称LTE）数据容量高1000倍、速度快200倍。6G与5G的最大速度20Gbps相比还要快5倍，为100Gbps。据预测，6G将在2030年实现。到那时，"商业元宇宙"将呈爆发式增长的态势。作为便携式设备，无法与现实区分的视觉效果会不断呈现。到了那时，《头号玩家》中的元宇宙"绿洲"就可实现，在元宇宙中工作挣钱，到现实中购物或许不再是电影情节。

元宇宙商业的发展壮大速度难以预测，但是我们都知道智能手机的发展历程。2007年智能手机首次商用，2009年《愤怒的小鸟》（Angry Birds）风靡全球时，智能手机还被认为是只能玩游戏的手机。2014

年起,我们迎来了"移动购物浪潮",彼时移动购物销售额达 10 万亿韩元左右;2020 年移动购物销售额已超过了 108 万亿韩元;而 11 年前的 2009 年,移动购物销售额仅为 30 亿韩元。

谁都不知道元宇宙商业会发展到哪里。但毫无疑问的是,元宇宙商业的发展机遇会比移动端更多。

第五章
颠覆想象：
如何打造元宇宙企业

随着元宇宙新经济时代的到来，作为商业主体的企业应该如何应对？简单来说，具备什么力量的企业才能获利？元宇宙新经济时代尚在襁褓期，迄今为止，已经通过元宇宙获利的多为全球性大企业，因为打造元宇宙平台需要庞大的资金支持和技术。对于中小企业和非信息技术企业来说，想用元宇宙获取第一桶金是很困难的，智能手机的发展也是如此。

在智能手机发展初期，只有像三星、苹果这样的智能手机生产公司可以获利。过了两三年，用应用程序挣钱的个人和企业才开始出现，诸如《愤怒的小鸟》等游戏逐渐走红。之后，社交网络服务在智能手机上构建了用广告赚钱的模式，开始用"O2O"（Online To Offline，线上到线下）的概念在智能手机上进行交易。现在无论什么行业，离开了智能手机，都很难维持运营，即便是制造钢铁的企业，也需要用到智能手机。

从商业层面来看，人们对元宇宙予以极大关注，是因为元宇宙很有可能作为商业工具发挥作用。所以，即使眼前看不到盈利的可能，也不能被排除在元宇宙潮流之外。放弃一次机会，再想重新抓住会相当困难。网页时代的IBM、智能手机时代的诺基亚就是很好的例子。在元宇宙新经济时代，一流企业也有可能以瞬间瓦解的速度被时代淘汰。清楚这段历史的企业，不想放弃正在到来的元宇宙新经济，正积极地关注元宇宙，加大对元宇宙的投资。

中小企业或者个体工商业，也要做好准备，迎接元宇宙新经济的到来。如前所述，手机引发的商业模式大转型不过是在10—12年间发生的事，现在已不是需要50—100年才能成长为大企业的时代了。

　　要关注元宇宙的变化与发展方向，顺应元宇宙曲折变化的潮流，就不应放过商业的巨大机遇。不要在出发时才打点行装，要准备好行囊随时出发。

1

元宇宙人文科学

谈起元宇宙时,我们往往容易掉入技术的陷阱。关注元宇宙是在什么技术之上建造的、具体的驱动原理是什么,这些都是研发人员的事;对于一般用户来说,这是无比冗长的说明。如同我们虽住在公寓中,却不知道公寓用什么方式建设、具体的结构如何(比如保温墙是如何施工的)。即使拥有100栋公寓的房地产界重量级人物,也不知道公寓的施工原理,因为关心这些事的人是建筑从业者。

元宇宙的技术原理让专业工程师研究就好。在商业领域,技术是工程师们的事,我们只管开始就可以了。令人意外的是,很多商业人士企图说服用户。如史蒂夫·乔布斯所说:"用户不知道自己要什么,所以千万不要进行问卷调查,把好东西给他们就行了。"我较为同意这一观点。对于现在世上还未出现的事物,用户不可能表现出什么反应,所以可以用"不知道需要什么"这句话来描述。但这并不代表要无视用户的反应。从技术出现并体现为服务的瞬间开始,使用和评价就完全是用户的事了。如果无视用户评价还想努力抓住用户（更准确地说，是准备按企业意图行事），商业就将走下坡路。最值得期许的最终方向，不是创造可使用的新技术，而是不断精进打磨、研发已有的技术，来满足用户逐渐提升的期望。

元宇宙的人文因素

人文科学曾在商界盛行，这是由苹果手机引发的。苹果手机给传统的商业环境、生活方式带来了革命性变革，有观点认为苹果手机是人文科学的成果，而不是技术的集合体。这种分析强烈震动了商业界。

之后，各企业首席执行官间开始流行学习人文科学，但并没有出现多少能很好地将人文科学应用到企业经营上的人。元宇宙中的商业并不是把人文科学观点拿来就好。夸张点说，元宇宙本身就是人文科学，因为元宇宙对人类来说，是一个生活家园。

在经济活动没出现之前，元宇宙是实现人生的地方。作为生活的结果，经济活动产生了。所以要基于人文科学，回答"所谓人是什么？人为什么那样行动？那样行动有什么意义？"等问题，设计、解释元宇宙。

不是回答"什么广告做得好"，而是回答"人们希望什么样"的元宇宙才能生存下来。构建在元宇宙中的内容只有基于人们的这种行动和心理来设计，成功的可能性才会更高，所以必须要理解人文科学。如果说10年前商界流行的人文科学话题，是以部分经营者为目标的话，那么在元宇宙新经济时代出现的人文科学话题则面向所有人，即产生了人文科学的大众化。单个虚拟化身的行动、生活方式、思维方式和决策与组成元宇宙的环境相协调，创造出了不同的模式。所以在一个元宇宙中成功的模式，不能生搬硬套到另一个元宇宙中。

新冠疫情之后，"集镇"是最受关注的居家办公工具之一。有很多平台图形技术进化得很好，但"集镇"格外具有人气，这充分说明技术不是最优先的条件。"集镇"之所以能使人潜心协作，不是因为它的技术有多高，图形技术有多好，而是它的设计、易操作的人机互动界面以及人的因素。

人类生活越是因元宇宙而分化，就越要理解在元宇宙中过另一种生活的人们。此时，人文科学就成了必不可少的要素。我们还未曾研究摆脱了肉体限制的人以什么方式思考行动。因为迄今为止，人类还没有这样生活过。

今后在元宇宙中，人文科学是一个必需的要素，需要分析预测人们的行动。因此，要想成为元宇宙新经济时代的领军企业，有必要主动强化人文科学理念。

首席人文科学责任官

公司最高经营者的简称是首席执行官（Chief Executive Officer，简称 CEO）。CEO 是公司的最终决策者，不同部门的责任人称谓不一。首席财务官（Chief Financial Officer，简称 CFO）是公司财务主管；首席运营官（Chief Operating Officer，简称 COO）是公司最高运营负责人；首席创意官（Chief Creative Officer，简称 CCO）是营销、品牌推广、广告和内容等部门的负责人；首席知识官（Chief Knowledge Officer，简称 CKO）则是在信息技术、信息系统等方面的最高级别负责人。

元宇宙新经济时代，应设一个叫作首席人文科学责任官 CHO（Chief Humanities Officer）[1]的职务。因为在元宇宙的新生活中，分析预测用户的行为模式成为一个重要因素。企业要涉猎人文科学，解释商业行为和技术应用。现在应对元宇宙的企业启动了元宇宙工作组，但是我认为从人文科学上接近元宇宙新经济，才是更积极、更有效的应对方向。

元宇宙数据洞察

对现代经营者来说，数据有多重要，不用列举亚马逊、奈飞、阿里巴巴等企业的例子，大家都会明白。经过信息技术、生物技术（Biotechnology，简称 BT）时代，现在已是数据技术（Data Technology，简称 DT）的时代。

全球性企业在看不到具体盈利模式的情况下，对元宇宙倾注了天文数字般的投资，很大程度上是意图收集初期元宇宙的行为数据。大数据收集技术和人工智能数据分类技术已处于开发完成状态，现在需要收集的是行为数据。

奈飞在开展 DVD 出租业务初期，是电影"大片"出租市场的王者。奈飞基于数据的推荐系统，克服了影片数目庞杂的劣势；在引进流媒体式传输服务的同时，奈飞实现了引以为豪的纳米级分析推荐服务。现在奈飞收集的数据不止于用户观看电影的片名，还收

---

[1] 此处作者提出的"CHO"概念，不同于"首席人力资源官"（Chief Human Resource Officer）的概念。——编者注

第五章 颠覆想象：如何打造元宇宙企业

集了诸如看到哪里、在什么地方快进等细微信息并将其作为数据积累起来。

奈飞公司不仅推荐电影，还通过"AB测试"来确定电影搜索词的标题和缩写。具体方法是给一部分人提供A，给另一部分人提供B，回收数据后再做出决策，以最终点击最多的搜索词为准。随着"OTT"业务的开展，奈飞的数据水平变深、变宽，且越来越多。奈飞在制作电影或电视剧等原生内容时，也会参考这些数据。

收集、分类如此庞大的数据，现在的技术是可以支持的。所以，如果投资元宇宙相关企业，无须担心收集数据的工作。即使企业本身没有那样的技术，也能向全球性企业借助工具来收集数据。

问题在于对这些数据的解释和使用。似乎奈飞推荐系统也是基于强大的人机触控技术。分析影片、贴标签，这些工作都是人工来完成的。奈飞的分析专家需要根据多达36页的说明来贴标签。在奈飞公司这个工作叫作"奈飞量子理论"，意思是内容信息分到无法再分的程度。奈飞研发了1000多个标签类型，利用这些标签类型，视频内容被细分为76000种微形式。这些微形式与用户的履历、习惯、行为数据结合起来，用机器学习，创建了2000多个兴趣组。以这些兴趣组的数据为基础，推荐个人定制电影，每个人的视频初始画面都是不同的。奈飞的用户量有2亿之多，假设一个普通账号平均由2.5个用户使用，那么就意味着要有5亿个不同的初始画面。

元宇宙初期，数据特别宝贵，堆积数据却毫无意义。赋予数据以意义，需要借助人的洞察。企业若想在元宇宙中抢占先机，就需要研究如何洞察和分析那些直接或间接在初期元宇宙上积累的数据。

179

2

打造"梅塔松"式的敏捷组织

在我们阅读这本书的过程中,元宇宙正在剧烈变化着,迭代的速度超乎想象。虽说现在就是革命的开始,但是对元宇宙的研发尚处初级阶段,需要投入大量的资金和精力才能启动。当然,对于创建元宇宙框架并设计和销售硬件设备(例如 VR 设备)的公司来说,情况有所不同,但是如果用软件来参与元宇宙,它可能比我们想象得更易上手。

打造"梅塔松"

"梅塔松"(Metathon)是比照"黑客松"(Hackathon)这个词创造出来的新词。我们应先了解一下"黑客松"这个词。"黑客松"是"黑客行为"(Hacking)和"马拉松"(Marathon)的合成词,意思是像马拉松一样在特定的时间和场所入侵程序或研发程序的活动。所谓

第五章 颠覆想象：如何打造元宇宙企业

企业中的"黑客松"，就是由参与者、开发者、设计师等组成一个小组，夜以继日地进行研究，找到创意并以此为基础，完成应用程序、网页服务或商业模型的开发。元宇宙中合作性的、持续不断的设计或商业模式策划，我们称之为"梅塔松"。

元宇宙中的"梅塔松"，要做的不是策划服务或程序、制作和发布策划方案，而是实际测试商品及服务。其核心在于最终需要呈现实际的服务或商品，而不是只有创意。"卡考说"在早期就是以这样的工作方式而闻名。如开发者研发出了一项产品，就立即制作并应用到生活中，将服务实际地显示给部分用户，不可行就放弃，可行就全面推广。这种方式不仅发展了"卡考说"的服务，也是 IT 行业早已普遍使用的方法。虽然不能保证做出的决定完全正确，但是可以节省许多策划、报告、审批等无用的环节。实际上能否使用，只有用户试用时才能明确知道。

过去由于种种原因无法打造出"梅塔松"。在商品大量生产的时代，要改变商品结构或是改变生产内容，就意味着要更换设备和清理大量的库存。大规模生产的商品需要投入大量的营销经费，因此决策也随之变得慎重无比。越是大型的企业，一个决定就越有可能带来重大损失，所以这种方式往往是"未曾有的事"。

但是 IT 时代就不一样了，企业不必调整生产设备，也没有库存积压的风险，若项目失败，重置即可。开发者只公布了产品的一部分内容给用户，这样就可以直接比较性能。

卡考或纳瓦在过去 10 多年中一路高歌猛进，但很多情况下它们的项目在研发中途就夭折了，例如卡考的个人广播平台"卡考剧场"（KakaoTV）。根据大数据平台企业"伊加沃克斯"（IGAWorks）分

181

析，截至 2021 年 4 月，卡考剧场的月独立用户是 43 万人，而油管有 4170 万名订阅者，两者间相差近 100 倍，所以卡考公司决定终止这一项目，转而专注于原创内容制作。

元宇宙里的项目也是基于 IT 技术的，很多生产流程上的成本都可以节约下来，例如产品设计、工厂设备、库存预测、建立分销渠道及零售店等，因此"梅塔松"是极有可能出现的。

更小、更快的组织

如果组织的基本形态为"梅塔松"，组织的结构就应据此改变。如果快速建造、试验、再设计成为具有元宇宙特性的产品，组织结构也有必要做出与其速度相适应的轻量化改变。

适合元宇宙的企业结构是"敏捷组织"（Agile Organization），其中"Agile"是敏捷、灵活的意思。在经营环境剧变的时代，敏捷组织成长起来了。事实上，敏捷组织在韩国的经营环境中找不到自己的位置。韩国的组织仍然保有大企业的特色：慎重、有条不紊地研究、报告、批准和准备。敏捷组织需要新大陆。

用一句话来定义敏捷组织，就是"部门间的界线消失，根据需要组建小规模工作组（cell）来执行任务的组织"。敏捷组织的特点是不在制订计划上投入过多时间，把权限赋予与顾客有接触的人，敏捷、有效地达成决策；不是中央集权式而是地方分权式结构；所有人共享信息；向上司报告时，上司不垄断自己的信息，而是与部下分享。这是一种水平结构，就像训练有素的足球队一样。

问题是足球队的战术没有标准答案，根据不同的情况，比赛战术也会随时调整。敏捷组织也是一样，根据市场状况、公司、职员和领导能力等条件的不同，也会随时变化应对。任何情况下都通用的魔法式组织构成法在敏捷组织中是不存在的。

在构建元宇宙业务或在元宇宙内生产内容的业务上，与元宇宙息息相关的业务变化极快，所以决定和执行要由工作人员这个层级完成。如果不是构建元宇宙平台而是要在生产内容上展开竞争的话，既可以是企业与企业间的竞争，也可能成为个人与个人间的竞争。元宇宙代表性平台"罗布乐思"通过"罗布乐思工作室"程序，提供制作游戏的工具，玩游戏的个人可能会制作出更贴近用户的游戏。这说明元宇宙提供内容制作工具的话，个人也可以充分发挥自己的力量。

因此，为了适应元宇宙中的竞争和速度，需要敏捷组织。敏捷组织应在一个人或最多不超过 3 个人的范围内运作。居家办公实施后，或许只有与公司总部有机联系，以敏捷组织小组运作，才能在企业与企业的竞争中、个人与个人的竞争中生存下来。

从内容到平台，多种多样的商业机会

中坚企业也要准备构建元宇宙平台，商业机会的大门随时敞开。初创企业进行挑战，可能会发展得更快。

虽然这几年有所起伏，但推特仍然是最具有代表性的社交网络服务软件之一。推特的前身是 2005 年设立的播客服务企业"奥德奥"（Odeo），在苹果创建的模板内开展业务；随着苹果直接进军播客领域，奥德奥开始走下坡路。当时推特的高层管理人员经过头脑风暴，决定开展边缘项目。2006 年，推特服务诞生；2007 年，推特为世人所知。起初，推特并不提供社交网络服务。

在元宇宙的巨大产业潮流面前，我们应该思考用什么方式接近这个潮流是有效的。元宇宙的特征是"创造"。只有追求创造性的经济活动，才能给元宇宙带来持续生命力。

在元宇宙中，企业家将提供工具，让人们自由地去创造；也可利用元宇宙的生产工具，不用花费巨额研发经费。例如，英佩游戏公司在 2022 年正式推出"虚幻引擎 5"（Unreal Engine 5）之前，于 2021 年 5 月公开了"抢先体验"（Early Access）版本，图片达到了照片级水准。英佩游戏的目标在于，打造电影计算机动画（Computer Graphics，简称 CG）与实际同一水平的写实主义，通过高效的工具和丰富的内容文库，让不同规模的研发队伍都可用于实际研发。

英佩游戏决定让大众免费使用"虚幻引擎 5"，事实上"虚幻引擎 4"（Unreal Engine 4）也是免费服务。前提是人们使用虚幻引擎研发游戏或是构建平台，当项目成功后每季度有 100 万美元的收入时，要缴纳 5% 的工具使用费。

英佩游戏的所有技术都是开放的，制作月入百万美元的游戏从未如此简单，并且它对中小型游戏开发公司是免费开放的。这个引擎也可用于构建元宇宙世界。虚幻引擎可以支持多人参与制作的"开放世界"，英佩游戏也公开了免费制作"元宇宙人"（Metahuman）的方法。元宇宙人是看起来几乎与真人一样的高品质数字人。这样，我们就可以将虚幻引擎用在空间、背景、角色上以节省开支。

英佩游戏也发布过对元宇宙的直接见解。英佩游戏韩国公司代表在接受访问时谈道："我认为英佩游戏构想的终极元宇宙形态，是谁想创建什么就创建什么的共享平台和互联网空间，同时也是与现实很

第五章　颠覆想象：如何打造元宇宙企业

图 5-1 "虚幻引擎 5"显示的画面

（图源：Unreal Engine 官网）

难区分的生态系统。英佩游戏最近的行动就是在为接近理想的元宇宙做准备。"

事实上，我们看英佩游戏的业务结构，就会想起美国西部时代。美国西部时代的"淘金潮"（Gold Rush）始于加利福尼亚萨克拉门托河附近发现的金子，人们为了淘金来到西部。据说当时从美国各地来到西部的大约有 10 万—20 万人。淘到金子的人当然挣到了钱，没能淘到金子的人则倾家荡产。

但是有一种人不管有没有淘到金，最终还是获得了收益。一名报社老板兼商人积极宣传萨克拉门托发现金子的消息，对淘金潮起到推波助澜的作用。可他对淘金毫不关心，只依靠给淘金者提供挖掘工具就发了大财。

这样看来，在加密货币时代，即使有投资眼光绝佳的人赚到了钱，但因为高波动性而亏本的投资者也不计其数。而人工智能计算公司英伟达（NVIDIA）公司出售了作为"挖矿机"核心的显卡，获得了一本万利的收益。

所以，我们有必要预测一下在构建元宇宙过程中不同产业的需求。即使没有直接构建元宇宙或提供元宇宙内容，企业也还是有盈利的机会。根据元宇宙发展形态，商业机会将继续出现，这种间接商业也将稳定、长久地生存下去。所以，我们要留心观察元宇宙的发展方向和速度。

3
决策者需要颠覆性革新

年龄是历练和经验的证明。随着年龄的增长，有了经验和学识，也就有了相应的历练，这是受人尊重的原因，特别是在几乎没有什么变化的农耕社会。随着进入工业社会，技术开始代替经验和历练的作用，信息社会中年龄倒成了人们的一种负担。年长者的经验并没有帮助他们做出正确的决定，反而常常会令他们做出落后于时代的决定，成为一种阻碍。

即使在工业社会，变化的进程也是缓慢的。虽说不像农耕社会那样需要百年进化，但也是以十几年为单位。进入信息社会，变化明显加快，智能手机诞生不过 10 年的时间，世界就发生了天翻地覆的变化。仅有 20 多年历史的特斯拉市价总值比有 120 多年历史的福特汽车还要高。

经验反而成了决策的障碍。与过去依靠经验做决定相比，现在做最优决策时也会考虑环境和条件等因素。

当今时代，年龄并不是问题，问题在于做决定要从自己的经历和经验中寻找根据，要抽出彻底革命之刃。

在经营上也需要这样的决断。与在现场直接做出决定相比，管理职位应该越来越分权：让可能协作的玩家来履行决定的职权，并为他们提供游戏的便利。

能否接受无实体事物

在一次节目中，嘉宾围绕加密货币的问题展开讨论。一位来宾说自己平日里十分关注股票行情，一直很信任加密货币行情，认为加密货币肯定会上涨，所以很放心。听到这样的话，一位同节目的理财专家大吃一惊，建议道："对于股票行情的起伏不用太担心，因为有实业的支撑；可对于加密货币来说，没有实体行业服务，让我觉得很危险，没有安全感。"接着，另一位嘉宾也提到自己买了加密货币后就把应用程序删除了，改做慢投资。这样一来，参加节目的人分成了"股票派"和"比特币派"，吵得不可开交。有意思的是，年长的嘉宾多是"股票派"，年轻的嘉宾多是"比特币派"。

对加密货币持否定意见的人不能理解若没有实物，如何在虚拟世界中仅凭想象就产生需求和交易。事实上，他们一次都没体验过。这些人虽然不认同加密货币的使用，但比特币曾大幅上涨，即使不被理解，也不得不接受现状。

因为没有实体，所以不相信它有价值，这样的话似曾相识。刚开始使用货币时，人们普遍认为，金和银本身就有内在价值，纸币没有内在价值，所以无法流通。

第五章 颠覆想象：如何打造元宇宙企业

在写于 1298—1299 年的《东方见闻录》(*The Travels of Marco Polo*，即《马可·波罗游记》) 中，马可·波罗（Marco Polo）写到在成吉思汗时期货币是通用的。西方人看到后认为"这本书是骗人的"。因为直到那时，西方还没有使用纸币。在一片薄薄的纸上确定价值并代替金、银使用，仿佛是天方夜谭，马可·波罗因此被当成了骗子。如今，纸币已被广泛使用，其概念是"想象即信任"。人们熟悉货币系统后，对尤瓦尔·赫拉利"钱事实上是想象的产物"的理论大吃一惊。人们都认为钱分明有实物，为什么说是想象的呢？

但是，将这种想象和信任应用在元宇宙上，他们就都收回了理解的视线。他们无论如何都不理解为何要为虚拟化身花钱，给它穿古驰的鞋子，事实上，我们早就接受了对无实体事物的信任和想象。我们每个月的工资实际上就是在更改存折上的数字，你可能会说那是系统构建的，所以算是有实体；但元宇宙构建的就是那种系统之一。非同质化代币与元宇宙一起被人们讨论绝非偶然，因为非同质化代币是保障元宇宙内经济活动的信任基础。

在元宇宙中开展商业活动的人，很难遵循产业社会商业模型。即使把握现状开展业务，也不能理解元宇宙本身。对于已经熟悉传统系统、难以接受新思维方式的人，不要试图说服他们、改变他们。让他们离开元宇宙业务，去雇用那些理解并接受了虚拟空间、无实体物品、用约定实现价值等元宇宙要素的人们，让这些人成为决策者。这不是年龄的问题，而是关乎是否理解的问题。

建立辅助决策系统

如果人事调整困难，建立辅助决策者的系统也是可行的。如果是有一定规模的企业，做出打破常规的决定并不容易。这个时候，我们就有必要参考一下古驰公司的系统。

古驰到 2014 年时发展停滞不前，大大落后于流行趋势。2015 年，古驰公司首席执行官马克·比扎（Marco Bizzarri）任命在公司工作了 13 年、毫无名气的阿拉桑德·罗米凯莱（Alessandro Michele）为创意总监，并给她以充分的设计自由。当年，古驰就推出了与传统设计截然不同的风格，局面为之一新。

马克认为，当时古驰的组织结构过于保守，受到新一代员工排斥的原因是组织决策已严重落后于时代。因此，他开始倾听公司 35 岁以下职员的声音，创立了以这些员工为成员的辅助决策系统[1]，将每周管理层会议讨论的议题拿来重新讨论，每次都会得出与管理层会议截然不同的结果，马克也更多地吸收了年轻人的创意。从此，古驰在千禧一代打开了市场，销量大幅上升。甚至，只能在"罗布乐思"平台上使用的古驰虚拟皮包，也被卖到了 465 万美元。

由此可见，如果无法更换企业决策人，建立辅助决策系统也是一种完善企业制度的方法。重要的是，决策者越是了解元宇宙新经济，就越有可能做出好的决定。

---

1 即本书第三章中所提到的"影子董事会"。——编者注

4

打造公正、透明的元宇宙规则

元宇宙是一种平台，核心是让用户聚集进来，形成多种连接关系，元宇宙的魅力就会成倍增加。这种魅力会吸引更多的人进来，形成良性循环。具备这种良性循环结构的元宇宙对于想进行商业投资的人来说，如同梦幻市场。

匹诺曹给人们的忠告是"不要撒谎"，但也可读出创造者与被创造者的隐喻。用木头创造出匹诺曹的皮帕诺爷爷相当于创造者，一开始希望创造一个听话的木偶；但匹诺曹被创造出来后就跑到外面乱转，成了一个与皮帕诺爷爷期待完全不同的木偶。创造者创造事物是有其目的的，但被创造者不一定会按照创造者的意图行动。

诗人不会考虑读者有没有按照自己的意图来理解，也不会召开记者会纠正说"我写的诗不是那样的意思"，也没有必要去纠正。至于以什么方式品读一首诗，那是读者的事。

元宇宙也是如此。无论起初研发人员构建元宇宙、推出内容的意图是什么，都没有什么保障来保证用户会按这些意图来行动。因此我们需要构建一个大的框架，与创作者一起去打造元宇宙。

元宇宙如同一座城市，用户是共同建设这座城市的市民。所以元宇宙的市民可以叫作"元民"（Metizen）。创造条件，让"元民"好好生活，是元宇宙创建者要做的事。

创作者的重要性

给元宇宙填充内容的是元宇宙本身。如果说游戏给人的感觉像是有条不紊地跟着老师准备的讲课内容的话，元宇宙就像是接受邀请参加派对一样。是很无聊的派对，还是一生中最快乐的派对？这取决于参加的人。当然在游泳池边举行派对，如果放着轻松的音乐，可能会是一次快乐的派对；但是人们也可在游泳池旁，拿出烤盘烤肉吃，这就与主办方的意图大相径庭，成了烧烤派对。

油管的成功很好地揭示了创作者与平台的关系。元宇宙的内容供给方式应该是用户自己制作应用程序；或是像油管一样，由创作者自发地上传视频。销售应用程序或是在油管视频上插入广告，都会产生收益，这个收益创作者要与平台分成。

如果没有创作者的参与，油管或是应用程序商店等平台本身的意义就会消失。作为元宇宙企业，要为元宇宙创作者制定政策，尊重他们的设计。只有让他们坚信有努力就会有收获，他们才会参与元宇宙经济，也正是因为这样的努力，进入元宇宙的用户才会增多。

随着不同的应用程序出现在应用程序商店，可操作性也在变好。苹果智能手机得到普及，很大原因是应用程序的增多。个人开发不同

第五章 颠覆想象：如何打造元宇宙企业

应用程序上传至应用程序商店并获得回报，研发者收益初期为70%，最近增加到了85%；油管的火爆也是因其向创作者提供了分配广告收入的方案。现在很多平台都与个人分享收益。今后元宇宙成为大趋势，最重要的条件是个人能否从中获益。罗布乐思现已实现为个人分利，但目前的收益分配率仅为30%。今后元宇宙将被更多地构建出来，如果出现了用户参与增加、收益分配率高的元宇宙，就会产生用户"一边倒"的现象。

积极主动地实现商业意图

人们来到元宇宙的理由也是为了寻找另一种生活。对于想缔结不同关系的人们来说，与现实完全一样的元宇宙反而没有魅力。换句话说，参与元宇宙的"元民"是准备承担与现实完全不同的生活和角色的游戏参与者。

元宇宙是种"本我"的聚会。所以，如果你设计了自己想要的设置，别人就会用这种设置来对待你。这像不像一场盛大的"过家家"游戏？如果在这里放上具有商业意图的项目或广告，很大概率会受到排斥。人们决定参与联合抵制比在现实中容易，对热点问题表明意见，就会在那个世界中强化自己的角色。

所以，商业性项目与其遮遮掩掩，不如直接面对用户。恐怖主题游戏《外卖服务》中出现的能量饮料"怪兽"是植入式广告，受到了部分用户的抗议；但与向用户收费相比，制作公司以这种方式收取广告费的形式更为大众所接受。

2020年8月，食品企业"宾格瑞"（Binggrae，"微笑"的意思）

将"为了宾格瑞制造商"的动画广告视频上传到该公司油管频道的"宾格瑞TV",之后一个叫作"宾格瑞斯"(Binggraeus)的角色在网络走红。宾格瑞斯有一天突然出现在照片墙上,主要为宾格瑞产品做广告,偶尔也上传几张照片,或在便利店推销协作企业的产品。宾格瑞创建的这个2D角色,引来了庞大的粉丝群。

规则透明,执行公正

设计元宇宙时一定要遵守的是,公正执行元宇宙内的透明规则。"规则透明"到底指的是什么呢?不是透明地制定规则,而是规则要透明、公开。

游戏中"外挂"的问题十分令人头痛,即用户使用不被认可的程序,提高角色能量值。提到"外挂",大多数人可能会想到代表性游戏《绝地求生》(*Playerunknown's Battlegrounds*,简称PUBG)。《绝地求生》是一款风靡世界的游戏,发布于2017年3月,比2017年9月上市的《堡垒之夜》还早,一上市就人气爆棚。但是《绝地求生》正是因为对"外挂用户"处理不当,导致《堡垒之夜》"后来者居上",迅速占领了市场。

《绝地求生》的用户使用"外挂"被发现后,就再开另一个账号。使用"外挂"获得的利益太大了:不仅游戏速度变快,100米以外的射击也能百发百中;有时还能发挥超能力,可以看到墙后的敌人。对于没有使用"外挂"的一般用户来说,游戏体验极差。

相反,《堡垒之夜》一旦发现"外挂用户",会全面封堵使用"外挂"的电脑,使其不能再登录。只要不换电脑,就不能再次进入游戏。

第五章 颠覆想象：如何打造元宇宙企业

《堡垒之夜》平台还对两名"外挂用户"提起了诉讼，要求他们支付1.7亿韩元的赔偿。这个事件一经公布，《堡垒之夜》的"外挂用户"减少了80%。

对于全世界的游戏用户来说，《堡垒之夜》是没有"外挂"的公平游戏，《绝地求生》则不然。如果初期应对及时、有效，《绝地求生》就不会将自己在世界游戏榜上的绝对优势地位拱手让给《堡垒之夜》。目前，《堡垒之夜》正基于3.5亿的庞大用户量向元宇宙平台转型。

元宇宙生活还有任务、成长、经济活动的目的。如果在实现这些目标时处于一个不公平状态，用户就没有理由停留在元宇宙里了。我们需要执行公正、透明的元宇宙规则，如果有违反规则的用户，就要进行维护管理。

第六章

"元住民"：元宇宙新经济时代的探险家

元宇宙的黄金时代正在到来，这是21世纪再次开启的大航海时代。

大航海时代是指15—18世纪中叶，欧洲的船只航行到世界各地，开辟航线、进行探险和贸易的时代。大航海时代的主导者是西班牙和葡萄牙。他们之所以走向海洋，是由于当时法国和英国占据了所有的欧洲土地，亚洲方向则被土耳其占据，已没有可增加的土地。没有土地就意味着没有可开辟的新市场，但是成为新贵族的葡萄牙和西班牙统治阶级企图占有更多的土地和市场，获得更多的金钱和名誉。正是这一时期，技术的快速发展和航海技术的逐步成熟，使远洋航行成为可能。葡萄牙和西班牙统治阶级为冒险家提供金钱和船只，让他们去寻找新的土地。

我认为，当时的情况与现在正在开启的元宇宙新经济时代相似。地球上需要一个新的空间，开辟虚拟空间的技术也已成熟。读到此处，不知是否有读者朋友认为，大航海时代的物理性空间扩张与元宇宙新经济时代的虚拟性空间扩张角度有所不同？

当时的人们相信，欧洲的尽头是断崖，海的尽头什么都没有。只有几位好奇心重的冒险家没有被这些偏见左右，他们带着信念踏上了征程。一部分人认为在虚拟世界中构建生活场景是十分荒谬的，这与中世纪欧洲人无法想象欧洲以外的世界并无太大不同。

在一个变革性的时代，机遇无处不在。在大航海时代，抓住机会的领先者是能够察觉并适应时代变化的人。正因为有了这种历史的经验，我们才更要意识到，即将来临的元宇宙新经济时代对每个人来说既可能是机遇，也可能是灾难。适应时代，就能成为时代的人才；不能适应时代，就将被时代抛弃。

每当时代发生转变，就会诞生一批可以适应这个时代的原住民。元宇宙新经济时代的原住民，是一些熟悉了元宇宙内行为方式和思维方式的人，是一些能够从元宇宙中获得不亚于现实体验满足感的人，他们可以感知到元宇宙是一个几乎超越了现实的空间，并从中获得享受。元宇宙新经济时代正在萌芽，处于时代转换时期的"元住民"（元宇宙原住民），与其说是诞生，不如说是正在转型与"重生"。

我们要相信的是，"元住民"是可以依靠意志和努力被创造出来的。意志与努力能完善正面天性，克服负面天性。问题是这种意志和努力应该向什么方向集中，才能使我们有效地成为"元住民"？在充满未知和挑战的元宇宙新经济时代，什么样的人能够抓住机会和财富、获得成功？我们如何才能成为元宇宙新经济时代的领先者？本章将从我个人的见解出发，希望能与各位读者共同探讨与思考这个有趣的话题——"如何具备在元宇宙新经济时代成功航海的条件，成为更好的'元住民'"。

1

元宇宙"边疆人"

"边疆"是一个革新性词汇,但如果滥用,则给人感觉古老而陈旧。这个词汇源于法语单词"frontier"(表示边界、边境),据字典解释,其指美国西部拓荒时代开拓地与未开拓地之间的警戒区域,意思是"人类尚未涉足的未开拓地"。美国独立时仅有东部的13个州,以边疆精神为基础,向西部扩张的美国迎来了西部拓荒时代,建立了今日美国的国境线——这背后反映出的是边疆精神,即开拓精神。

所以边疆象征着美国的西部拓荒时代,曾为美国总统的约翰·F. 肯尼迪(John Fitzgerald Kennedy)以"新边疆"作为口号而闻名于世,那时美国已成功实现"人类登月"这一古老幻想。

但事实上,美国主张的西部开拓完全是美国人的观点。开垦未知土地的概念是可怕的,因为那些土地本是美洲大陆原住民印第安人世代生活的土地。可能邻居家还住着人,就会被一群拿着枪的人以"找空房子"之名赶走。

从这个意义层面来看，真正的边疆精神并不在美国西部拓荒时代，而在今天的元宇宙新经济时代。很多人都发表过类似的观点："地球人口已超过75亿，已达到地球的极限，人类应该'离开'地球另寻他处。"然而，地球上已经很少有新的未开垦地，因此，人类的探险可分成两种：精神探索和物理探索。精神探索可能导致"精神的离开"，物理探索可能导致"肉体的离开"。

为了实现物理探索，人类已将目光转向宇宙。埃隆·马斯克设立了"美国太空探索技术公司"（Space X），宣称2024年把人类送上火星。亚马逊的创始人杰夫·贝佐斯（Jeff Bezos）成立了名为"蓝色起源"（Blue Origin）的公司，试图开辟让人乘坐宇宙飞船到太空旅游的路线。但是，现在的太空旅行技术还达不到让人类共同参与这些行动，正如虽然不乏准备去往新大陆的人，但因航海技术有限而无法到达。

人类是一种追求"精神探索"的生物，将我们的存在引入虚拟空间，在精神维度会面、生活，挑战并拓宽人类的精神领域。在一定程度上，虚拟空间建造技术已经成熟，可以说，能让人类的精神进行大规模"迁徙"了。如果类比于大航海时代的话，相当于人们已经发现了美洲大陆，现在正一点一点迁徙到新大陆。

引领这个时代的边疆人将加快元宇宙新经济时代的到来。用另外一种表述，在元宇宙新经济时代确立了先驱者、成功的"元住民"地位的这些人，就是具有边疆精神的边疆人。

边疆人的精神品质，可概括为好奇心、进取心、勇气与忍耐力。美国西部拓荒时代，边疆人是贪婪、破坏的代名词；但元宇宙是代表创建新空间创造时代的媒介，所以元宇宙与边疆精神的光明面更吻合。

用训练培养好奇心

作为元宇宙的边疆人，应该具备的第一个品质就是好奇心。瑞士心理学家让·皮亚杰（Jean Piaget）曾说："人们在生活过程中，接触到未知的对象或环境时，自己会感到某种不便，努力克服这种感觉是人的本能；在这个过程中会突然冒出'好奇心'。"人的认知能力基本上不能忍受非平衡状态，总会不断试图找回平衡，此时非常好用的工具就是好奇心。所以，好奇心是帮助人适应陌生环境的重要工具。在元宇宙这种新环境中，好奇心强的人更容易适应和生存。

在元宇宙中，好奇心还发挥着更多作用。美国宾夕法尼亚大学研究团队将好奇心分为两种类型，并将研究结果发表在国际学术刊物《自然》（Nature）上。他们把试图到处打听各种信息的人称作"好事之徒"（Busybody），把更集中精力来获取相关领域知识的人称作"狩猎者"（Hunter）。简单理解，就是"发散型好奇心"和"收敛型好奇心"。

收敛型好奇心是指对一个问题追根寻源；与之不同，发散型好奇心在准备寻找新信息且欲望强烈时施展。美国俄克拉荷马大学的杰伊·哈迪（Jay Hardy）博士在《打破固有观念：预测创造性解决问题和创造性结果的知识型好奇心》论文中将好奇心分为"具体好奇心"和"多样性好奇心"两类。哈迪博士发现了有趣的现象：创造性想法不是具体好奇心，而是多样性好奇心，即发散型好奇心而不是收敛型好奇心。

"MZ世代"之所以能快速适应元宇宙，并非天生本领，在于他们拥有旺盛的好奇心。如此看来，"元住民"的优势条件并非年龄，而是生活态度。

好奇心不是天生的。好奇心有助于人们适应陌生环境，多变的周边环境会引发好奇心。所以通常情况下，生活充满戏剧性变化的自由职业者，拥有比朝九晚五的职场人士更强的好奇心。如此可以形成一种良性循环：好奇心强的人乐于挑战各种不同的事物，生活中遇到的各种新事物也会反向促进好奇心——正是人们不断挑战新事物，培育了乐于挑战的好奇心。如果每天都循规蹈矩地重复相同的生活，好奇心就会被抑制，所以我们要时常有意识地尝一尝菜单上新出的菜品，走一条之前不常走的路等。

多读书也能培养好奇心。比尔·盖茨（Bill Gates）、史蒂夫·乔布斯、马克·扎克伯格、埃隆·马斯克都是出名的"书虫"。他们都是世界级富翁，是创造了这个互联网和移动通信时代的代表性"边疆人"。读书不仅能满足好奇心，更能培养好奇心。书读得越多，就越觉得自己所知有限；知道其一还可知其二，这就是读书的魅力。

在诸多培养好奇心的教育方法中，有一种犹太人教育法叫作"海沃塔"（Havruta）式教育。"海沃塔"是指，两个人组成一组，通过相互提问、回答、讨论来探寻真理。据说这原来是学习犹太典籍《塔木德》（*Talmūdh*）时使用的方法，现在以色列所有的教育体系都在使用这个方法。在自己的好奇心达不到的领域，由他人的好奇心来填充，同时也向对方给予帮助……如此两人可以依赖彼此的好奇心进行一场知识旅行，这是训练好奇心的有效工具。

第六章 "元住民"：元宇宙新经济时代的探险家

先完成，再完美

成为边疆人还要有个重要条件——行动。在"遵循好奇心"这句话中，人们容易关注"遵循"这个动词。有时动词比名词和主语更重要，因为没有行动的决心和口号等于什么都没做。有了好奇心，就要跟着好奇心行动。

然而，只凭借好奇心和计划，是无法在陌生世界中生存的。在探险和开拓未知空间的过程中，未知变成已知。西部拓荒时代的边疆人走到了未知的西部，没有工具、未曾了解、充满好奇的边疆人，迈进未知空间，最终造就了今天的美国。

无论是书面采访还是视频采访，采访者总是习惯在最后抛出一个问题："最后还想对听众说些什么？"被采访者的回答往往千篇一律，成功的首席执行官、网络红人会异口同声地说"（无论你想做什么）先试试看吧"，即使这一次尝试失败了，也比从未行动要好。不要只停留于想法和计划，先去尝试一下总归是好的，至少可以得到反馈。"先完成，再完美"，当我们无法预测环境的变化速度以及由此产生的用户兴趣变化时，无论如何都不能按照"想法—计划—实践"的步骤按部就班地进行，我们生活的时代已不是这样的时代了。

这种倾向在元宇宙中更加凸显。例如，要在线下开家咖啡馆，考虑到固定费用、装修费用、营销费用等，是很难说出"先试试吧"这样的建议的。但是，创建油管频道、开设在线商店，即使初期可能不会有很多启动资金，也不影响我们开始尝试。与做生意、开设网页相比，在元宇宙中构建虚拟化身、运营账户的门槛更低，如同开设社交网络服务一样。所以，在元宇宙新经济时代，人们可能不会说"先试试吧"，而是"已经尝试过了"。

从理性层面来看，人们都明白要勇于将想法转化为实践的道理。但是，实际行动起来往往很难，人们都有此共识，这种共识源于对失败的恐惧和懒惰。

懒惰是可以用元宇宙本身克服的。大多数让我们产生惰性的事，往往出于没钱或短时间内赚不到钱。从这个意义上来看，元宇宙丰富的经济活动与相应的补偿机制，可以把我们从被窝中拉出来，将"懒惰情绪"扫地出门。甚至，我们可能无须从被窝中出来，也能在床上躺着"赚钱"，在元宇宙中从事经济活动。

更严重的问题是人们对失败的恐惧。很多朋友因为恐惧而不去实践，也不承认自己的恐惧。这种恐惧失败的情绪本身，就已经足够让人感觉自己失败了。因此，许多人认为防止失败的最好方法就是什么都不尝试，不去做就没有成功和失败之分了。正如韩国游戏公司"纳克森"的日本法人代表理事欧文·马霍尼（Owen Mahoney）曾在纳克森研发者大会上（Nexon Developers Conference，简称NDC）说的那样："有创造力的人如果不能战胜讽刺和对失败的恐惧，就不能完全发挥跨时代的潜力。令人意外的是，创新最大的障碍之一正是成功。我们将停留在初步成功的公司描述为'创新者困境'。他们无法超越自己，不能再创造新事物。创新可能是困难的、可怕的、昂贵的、复杂的，但创新对成功来说是必需的。"创新者的困境是对失败的恐惧，所以不再创新，可是这样真的能够避免失败吗？

就最近的情况来看，并非如此。1973年，美国著名进化生物学家、芝加哥大学名誉教授利·范·瓦伦（Leigh Maiorana Van Valen）

第六章 "元住民"：元宇宙新经济时代的探险家

提出"红皇后假说"（Red Queen's Hypothesis）[1]。该假说源于 1871 年刘易斯·卡罗尔（Lewis Carroll）所著的文学作品《爱丽丝镜中奇遇记》（Through the Looking-Glass, and What Alice Found There）[2]。红皇后对爱丽丝说："身处我这个位置，就要不停奔跑。"因为当自己运动时，周边世界也会一起运转，所以要想比别人更出色，跑得更远才能领先。"红皇后假说"可以用来解释如今的经济和社会，三星集团工作能力测试（Global Samsung Aptitude Test，简称 GSAT）就很好地说明了这种情况。

社会变化速度如此之快，安静地待在原地就意味着失败。所以人们逐渐出现了"错失恐惧症"（Fear Of Missing Out，简称 FOMO），即对错过潮流或是被潮流冷落的不安症状。出于错失恐惧症，人们竞相跟风地涌向了前景并不明朗的股市、比特币和"俱乐部之家"（Clubhouse）。

如果即便是什么都不做也无法避免失败，那唯一能让人感觉不到失败的方法，便是失败本身。失败已经是最差的结果了，失败以后，已经没有什么再让人感到恐惧的了，更稳健的方案就是做好失败的思想准备。成功的油管主播们都建议从建立频道开始，如果失败了，还可以尝试转变为其他内容频道，这种行为暗含的心理逻辑是：从一开始就明确"失败不是变数而是常数"，做好试错的准备和最坏的打算，当面临失败时，受到的冲击就会少一些。

---

[1] 红皇后假说：描述了物种之间持续的演化竞争，用以解释利·范·瓦伦所观察到的物种恒定灭绝风险定律，即一个分类群的灭绝可能性，与其存在的时间长度没有关系。——编者注

[2] 在这个故事中，爱丽丝和红皇后手拉着手一同出发，但不久之后，爱丽丝发现她们处在与原先一模一样的起点上。——编者注

孔子离开故乡，14年间周游列国，最终在68岁时再次回到鲁国。用现实政治的眼光来看，孔子或许是"失败"的。正如《论语》中的一则故事，鲁国守卫城门的一个门卫问孔子的弟子："他就是那个明知不可为而为之的人？"与其害怕失败，不如明知可能会失败还要去尝试。

"对新事物抱有好奇心，做好失败的思想准备并快速实践"，这是开拓元宇宙的边疆人应具备的基本素质。出于对元宇宙的高度关注，我听到了很多有关《崽崽》和《罗布乐思》的故事，了解到还未进入平台的人数大约是已经开始在《崽崽》上构建虚拟化身的用户数量的22倍。如果这个数字反过来——在所有一切都是陌生、新鲜、快速的元宇宙新经济时代，跟随好奇心实践的人是那个"22倍"，他们就更有可能获得成功。

2

元宇宙"咖啡馆"

法国的大学入学资格考试,也叫中学毕业会考。其2021年的会考中有这样一些题目:"讨论意味着放弃暴力吗?""无意识是脱离了所有形式的意识吗?""我们应对未来负责吗?""违法总是不对的吗?""知道是否意味着什么都不相信?""技术是否能让我们自由?"这些题目要求高三学生进行主观论述。

法国年轻人不会为准备中学毕业会考而去翻书复习,因为教科书中没有答案。即使有答案,从书中原搬照抄也不会得到优异的分数。取而代之的是,法国的年轻人会去参加讨论会、哲学论坛,广泛听取意见并参与讨论,以此来拓宽思维,这种方式不仅对考试有所帮助,还对人生的发展大有益处。据说,他们通常选择在咖啡馆举办讨论会等活动,因此法国的咖啡馆并不是一个单纯喝咖啡、吃三明治的地方。自从1686年在巴黎第一次出现了现代意义上的咖啡馆(Café Procope)后,咖啡馆在法国人的日常生活中就占据了一席之地。人们在咖啡馆看报纸，下国际象棋，聚在一起聊天，也会举办小型聚会。不仅是文人、政治家等知识分子，老百姓也会来这里。咖啡馆成了他们的聚集地，人们在咖啡馆里交流思想、策划革命，甚至有人说"正是因为咖啡馆，才有了法国大革命"。

元宇宙就是21世纪打造的"法式咖啡馆"，将成为人们聚会、分享思想、交流、做生意的主要场所。最重要的是，人们的聚会可以不受空间限制和物理性约束，让更多形式的创造性集会成为可能。纵观人类史，通过会面，人们一起做农活，讨论艺术，这些在元宇宙中都有可能发生。超越语言、国家、年龄、种族和性别是元宇宙的特征，从这方面来看，我们不知道在元宇宙中将产生什么形式的会面，可能会超出我们的想象力。

在元宇宙中会面与在互联网上聊天是不一样的。在元宇宙中人们可以在没有物理接触的前提下连接、会面，非常奇妙的是，他人的存在感仍然很强。当然这一过程与现实中的会面有所不同，在元宇宙中的会面本身也具有独一无二的特色。我们必须具备一定的素质，自然地参与元宇宙内的会面，有时需要适当引导，有时需要利用自己。

非语言要素不再必要

与西方文化相比，东方文化背景下的会面稍显严肃。西方人在派对上初次相识就能轻松交谈，交流上的阻碍会少一些。

对自然的会面和对话越是感到陌生，就越有必要进行训练。元宇宙中的对话能力相当重要。我们在现实中会面时，会使用几种要素与

第六章 "元住民":元宇宙新经济时代的探险家

对方互动,特别是一些非语言的身体动作,如手势、表情等,都可作为重要的交流工具。有听觉障碍的人使用手语时,会更侧重于使用表情,例如提到"痛苦"这个词就用痛苦的表情,提到"高兴"这个词就用高兴的表情。根据不同的表情,即使是同一个单词也可传递出不同的意思。

有分析认为,非语言要素在传递用意过程中占到了70%,比语言要素重要得多;但是,在元宇宙的会面中不一定要用到非语言要素。虚拟化身的相貌和身体动作与实际用户的情绪和话内容无关,所以对方很难从虚拟化身的外观上得到什么信息。如此一来,只好从对方的话语中获取信息。

"以貌取人"在元宇宙中几乎不存在。外貌可以给人留下印象,有时也可以提供有用的信息。但是在元宇宙中,我们甚至不知道面前的人是什么性别,也不知道他们的年龄、国别等信息,无法立即找到可以交谈的共同话题,所以在元宇宙内的沟通将会更加困难。因此,如果一个人有着清晰的沟通能力、坚实的说服能力以及正确的理解能力,在元宇宙中将会具备相当大的竞争力。

理解能力是关键

为了提高在元宇宙中的交流能力,我们首先应该具备倾听的能力。我们体验过,毫无目的地聆听对实际交流没有丝毫帮助。倾听不只是单纯来听,重要的是理解。倾听的目的是理解对方说话的主题、脉络、隐藏的语义等,只有边听边理解,才能更好地实现沟通。

查找核心、脉络和语流

为了具备阅读理解能力,要经常有意识地进行从对方的话语中提炼核心的训练。普通的话语行为由"说明性话语"和"说服性话语"组成。说明性话语是传递信息,说服性话语是传递主张;说明性话语的核心是信息,其余内容是具体要说明的信息;说服性话语的核心是主张,其余内容是该主张的根据。要进行这种先弄清主张和说明的核心,再掌握话语构成的练习。

话语的脉络和语流也很重要。"讲到哪里了?""怎么突然就说到这里了?"很多人常常意外地忘记原本想说的脉络和语流。这种情况下,就需要针对当前对话是在什么语境中实现的、将向什么方向发展进行认知练习。

避免憎恶性言论

与经常发表憎恶性言论的人在一起是没有任何好处的,不如趁早与他们说再见。现实世界里,考虑到人情世故,可能很难切割这种人际关系;但是在元宇宙中,就无须再为此烦恼。

之前不是发生过这样的事吗? 10年前在社交网络服务软件留下的记录,可能会成为今天做某件事的"绊脚石"。元宇宙中的会面和对话也有可能在自己不知情的状态下,被他人记录下来。因此,一定要注意在元宇宙中会面的隐私性,要事先切断发生问题的可能。

以尊重姿态抛弃权威

我曾听过一件事,一个大学教授说自己在网上玩游戏时认识了一个领导能力很强的人,深入了解后才得知对方是一名中学生。有一次

第六章 "元住民"：元宇宙新经济时代的探险家

教授邀请这名中学生参加聚会，对方却因为有期中考试而拒绝了。很多玩家都以为他是位老师，实际上他是名学生。

这种乌龙事件在元宇宙世界经常发生。除非是特殊情况，否则没有必要向在线上认识的人告知自己实际的年龄和职业。在电影《头号玩家》中，谈论现实中的自己是一种"禁忌"，所以当主人公对一位"绿洲"中的朋友讲出自己的真实姓名时，把对方吓了一跳。

很多人会好奇，在自己眼前出现的这个虚拟化身的主人，在现实中是一个什么样的人。一旦采取这种非要问清楚现实中的年龄和职业的态度，就无法进行平等的沟通。因为年龄小而被漠视或是层级低而不被尊重的事情时有发生。所以，在元宇宙中不要对别人的隐私信息过度好奇，倾听对方才是更重要的。我们不妨一律假设对方是比我们年长、职位更高的人，这样就能确保我们对对方始终抱有尊重的态度。

倾听是为了表达

在元宇宙中倾听很重要，但最终的目的是表达。2015年以后韩国在国有企业和公务员的录用考试中，普及了盲聘方式，在最终的面试阶段，面试官需要在没有面试者信息的情况下进行面试；面试官只有面试者的姓名，而毕业学校、年龄、成绩等履历都没有，甚至衣服都是机构统一购买的棉T恤。这样选拔起来很费劲，引起了面试官们的不满。但事实上，这种面试可以使面试者的光环效应通通消失，其实际能力和人性就能完整地显露出来。韩国学生没有特意接受过表达能力的教育，所以不能展示自己的真正价值。如果面试者准备的答案千篇一律，面试官就会很难打分。

213

元宇宙中的会面与盲聘录用中的会面很相似，你完全不知道对方的信息。现实中的盲聘录用，至少还能看到这个人的外貌和身体动作，但元宇宙中只有虚拟化身，无法展露更多个人特征，彰显一个人个性的只有话语或文字。

如何说、使用什么词汇、以什么方式对话，是在元宇宙中个体存在的唯一表现方式。一个能说会道、文笔精良的人，就掌握了在元宇宙中最重要的竞争力。

▎能进行一分钟的自我介绍吗

除非特意提前准备或是有特别情况，否则很少有人能出色完成一分钟介绍自己的任务。很难向别人介绍自己的最重要原因，其实是对自己的不了解。

从自己的兴趣、特长、优缺点、喜欢的饮食、讨厌的音乐等具体信息，到今后的愿景、价值、人生目的等抽象信息，对自己有明确认知的人很少。因此，首先要做到了解自己。据说"MZ世代"在职场会比较鲜明地表明自己的立场，因为他们能明确判断自己的好恶，了解自己的兴趣，目标明确，所以对于违背自己价值的事，就会向上司清楚表达。"MZ世代"认为管理中的主要问题是给予激励的标准不明确，而不是给的激励少。

与此形成对照的是，"MZ世代"的上一代人受到的训练更多是自己的兴趣要与整体的氛围相符，而不是显露自己的兴趣。因此他们通常在自我介绍中不是清楚地阐释自己的兴趣，而是表明坚持社会生活中与某种氛围相适应的态度。他们认为，只有兴趣不明确，才便于在社会上生活。但是元宇宙超越了空间的概念，是一个由兴趣相同、

第六章 "元住民"：元宇宙新经济时代的探险家

愿景相同的人聚集在一起的地方，所以明确了解自己的目标，从各方面来看都是有效的，同时自己也会收获快乐。

"迈尔斯布里格斯类型指标"（Myers-Briggs Type Indicator，简称MBTI）职业性格类型测试曾一度盛行，很多人愿意将结果上传到社交网络服务软件进行分享。现在还有很多人倾向于用MBTI测试结果来解释发生在自己身上的事。对这种测试的热衷，其实也是试图客观把握自己的表现之一。

在元宇宙中，我们用话语来定义自身信息并向他人说明。自己的兴趣、喜欢的东西、想做的事、最想去旅行的国家、未来的期望和愿景等，都可以好好利用。因此首先需要发现自己，才能向别人更好地说明自己。

I 成为社交强者

在元宇宙内社交的成功与否取决于是否擅长与陌生人打交道。只与几位熟悉的朋友约会见面，是一种减少个人在元宇宙中存在感的行为。若容易与陌生人合得来并总是接触新领域，则有利于增强自己在元宇宙的存在感。为此，要学会与陌生人自然地交流。这种强社交的本领也未必是与生俱来的，据说英国前首相撒切尔小时候说话结巴，她就努力把书读出声，下了很大一番功夫，才有了今天的改变。

想要自如地交流，首先是不要好奇对方，而是要好奇对方说的话。许多年轻人一到快过节时，就会感到焦虑。一年才见一两次面的亲戚总会问"读大学了吗？""找到工作了吗？""什么时候结婚？""孩子生了几个？"等问题。他们为什么不选择平时多打几次电话来问这些问题呢？理由很简单，正是因为没有其他可聊的话题，才会选择在难得见面时拿出这些"对话的素材",而并不一定是出于真正的关心。

有的朋友在对话时可能会问"冒昧地问一下,请问您的属相是什么?"以此来判断年龄。如果得知对方有兄弟姐妹,很有可能会接着问"对方是做什么的?"似乎大家忽略了"打听别人私生活"这种行为是无礼的。即便这种情况有所收敛,人们已经形成不随意打听他人家庭信息的共识,依然不难遇到以这种方式对话的人。

有分析认为,日语、韩语中有敬语,所以年龄、位阶相当严格;因为西方语言中没有敬语,所以很容易有忘年交。但韩国人有这样的习惯,在初次见面时,为了确定是否要使用尊称,就必须要知道对方的年龄。"对方是小学生,我是大学教授,用尊称岂不是冤枉?"快快摆脱这样的想法吧,其实不妨对所有人都使用尊称。

这种情况在元宇宙中几乎每分每秒都在发生。我们不知道对方是谁,只能通过语言交流。在元宇宙中基于个人信息对话的人,可能连一句话都说不出口。

为了在元宇宙中进行积极的交流,要锻炼在不知道对方信息的情况下与初次认识的人对话的能力,即在完全没有对方信息时自然地找寻话题的对话训练。当然也有人因为讨厌这种尴尬,干脆避免认识陌生人,逃避对话机会。可如此一来,就限制了自己的可能性。因此,还是要加强锻炼,使自己能够自然地开展对话。

多读书,或者看新闻,拓宽眼界,对社会争论的热点问题表达观点,如果能形成自己的观点,那就再好不过了。只有进行这方面的努力,才能成为社交强者,不论遇到什么对话对象,都能自如地与之交流。

第六章 "元住民"：元宇宙新经济时代的探险家

告别标准化的说话方式吧

当我们成为成年人时，就开始承担起某种社会角色。我们往往需要遵循这种角色的说话习惯：例如，在前辈和后辈之间、上司与员工之间，都有特定的说话方式。关心对方的年龄，事实上是基于这种角色关系所产生的行为。

在元宇宙中，这种现实的角色将化为乌有。元宇宙是 20 岁年龄层与 50 岁年龄层都可以融洽相处的空间，所以如果强行以其个年龄的身份说符合该年龄的话，可能就会失去结交新朋友的机会。

我想打破这种不同年龄层之间的沟通障碍。环视四周，其实不乏 50 岁的前辈为了与 20 岁年龄层的人融洽相处而敞开心扉；可是相反，许多 20 岁的年轻人却并不热衷于与 50 岁年龄层的人相处，这是因为年轻一代的行为被禁锢在某一特定年龄层。

在元宇宙中，只要不是特殊情况，就几乎不用向对方透露年龄和职业。所以只有破除"什么年龄应该像什么样子"的社会陈规陋习，才能在元宇宙中更好地沟通。

保持敏感力

现在，与报纸和电视等传统媒体相比，消息在社交网络服务软件和油管等新媒体上的传播速度更快。在许多人用来消磨时间的元宇宙中，这种社会热点问题将以更快的速度传播。

在元宇宙中，口碑传播会很快。在口口相传的过程中，传闻会被夸大和二次包装。一旦一个人有问题性言论或性别歧视言论，其通过角色一点一点积累起来的信任，会在瞬间坍塌。

问题性言论，往往出现在与别人说笑逗乐，或是想打破尴尬时无意被引发的。所以，我们要对社会性问题保持敏感力。对于性别歧视、种族歧视等问题，要保持正确的立场。过去通用的说法，在今天可能不再适用。时代的变化超乎想象，即使是同样一句话，放在过去和今天、放在现实和元宇宙，含义都有可能千差万别。

3

规则"逆行者"

电影《头号玩家》中,设计"绿洲"元宇宙的研发者为了在自己去世后找到一个好好管理"绿洲"的领导者,设计了3个任务。能完成这3个任务的人,将拥有"绿洲"的管理权。为了抢夺领导权,全世界的人都来挑战。巨型企业"IOI"也加入了竞争,甚至对完成任务的主角构成了现实的威胁。

第一个任务是汽车竞赛,跑到最后的是胜者,"金刚"会在最后一道关卡出现,很少有人能存活到比赛最后。值得注意的是,游戏中的主角在所有人都向前冲的时候,选择了反方向奔跑。随后隐藏的地下通道被打开,主角避开了"金刚"的最后一击,到达了终点。这打破了应全力向正方向跑的比赛规则,而这种行为正是游戏主角的制胜法宝。

元宇宙新经济时代竞争力的核心是破格,即打破常规。打破规则的思想将成为创造元宇宙的动力。事实上,因为元宇宙是一个在虚拟

图6-1 电影《头号玩家》中文海报

(图源:豆瓣电影)

空间打造的超凡世界,规则由创造者决定。更现实点讲,与其表述为打破规则,不如表述为制定规则更为贴切。无论如何,那些只遵守现有规则的人并不属于元宇宙。

第六章 "元住民"：元宇宙新经济时代的探险家

制定规则而不是遵守规则

在传统工业社会中，因有大型工厂运转，所以需要量化的作业流程，也就是操作手册。所有的岗位都操作手册化，在选拔人才时，我们会选拔那些能很好执行操作手册的人。所以，人才的标准是诚实、有毅力等，因此，教育也旨在培养这样的人才，把同年龄的学生分在一个教室，学习一样的知识，考试方式也是看谁能更好地记忆教材，在某种程度上也是一种"操作手册"。

赫尔曼·黑塞（Hermann Hesse）的《在轮下》（*Unterm Rad*）是准备大学入学考试的学生阅读最多的书之一。这本书写的是100年前，一个叫汉斯的少年对德国教育体制十分绝望而做出极端选择的故事。在韩国，有很多学生同情汉斯的压力和挫折，这也证明了韩国教育一直没有变化。

高效量产、低价销售的工业化时代连同互联网革命正在逐渐退出历史舞台，现在社会需要的人才不再只是诚实和有毅力的人。如果朋友们看一看韩国十大企业人才选拔的状况，就会发现没有哪一个企业把"诚实"作为选拔的唯一条件。

在社会中成功的人才与通过学校教育大量生产的人才非常不同。既然学校教育没有变革，毕业后适应社会的问题就只能靠学生自行解决。在元宇宙新经济时代，这个问题只会更加严重。这将是一个跨越多品种、少量生产的时代，生产本身以别的方式实现。我们不需要打破规则，而是要创造规则，所以需要的是不被规则束缚住的超凡态度。

当然，在元宇宙新经济时代，也会有人通过遵守规则来赚钱，他们是元宇宙的劳动者。如果你看广告，就会得到一个积分，然后积分将变为钱，当元宇宙商业产生时，你会找到一份接待客人的工作。建设元宇宙的人早已出现，他们是元宇宙劳动者。随着元宇宙经济的稳定发展，这种工作机会也在逐渐增加。

但是，真正的财富是由元宇宙设计者赚来的。虽说是超越现实，但基本上是对现实世界的模仿，劳动者赚的钱和现实中一样多，所以美国的励志类书籍大多建议人们辞职去创业。在元宇宙中也是如此，不被传统规则束缚、敢于创造和利用新规则的人将是最终的胜者。

元宇宙与现实的不同之处在于，即使没有资金、经验、经历、人脉，个人也能创业。在元宇宙中开店铺，获得物品、保管商品、室内装饰等都不用花钱，只需要投入时间。因为时间是可以换取体验的资产，所以不要吝惜投入时间。

在元宇宙中需要创造力。元宇宙可以打造一切能想象的事物，你是唯一可以限制你的想象力的人。只有不受限制地发挥想象力，才能拿出制胜招数。

"这个世界上没有的"创造能力是属于少数艺术家的。但是，社会和元宇宙需要的创造能力是能以不同方式利用或融合世界上已有事物的能力。这种创造能力经过一定的训练，是可以得到强化的。

▎真正创造力的秘密

当我们遵循逻辑讲话时，都是有某种前提的，前提从常识和原理出发，但不必在对话中一个一个讲出来。例如，电影推荐以"普通人喜欢有趣的电影"为前提，但我们通常不会说："不是普通人都喜欢

第六章 "元住民"：元宇宙新经济时代的探险家

有趣的电影吗？你在普通人的范畴内，所以你一定会喜欢那个电影"。

人们并不能真正意识到前提的存在。如果有的人说"我不怎么喜欢有趣的电影，我喜欢情感更真挚的电影"，那么这个人可能不是普通人，即他和一般人的前提不同。

创造性是从打破这样的前提开始的。所谓前提就是常识，换句话说是固定观念、偏见、思维局限等。

我曾策划、录制过一档 tvN[1]（Total Variety Network）电视台的综艺节目《脑性时间，问题性男人》（*The Brain, Problematic Men*）。刚开始推出时，节目的宗旨是展示有创造性思维的人是如何进行思考的。所以节目组给出的题目不是用知识来解答，而是要通过思想、观点的转换和归纳性推理来解答。

下面为大家介绍这档节目中的一道题目，这道题也曾在日本广播节目中出现过。

题目：只移动一张卡片，让公式成立

图 6-2 题目示意图

这是一个数字公式，聚光灯集中在一位来宾身上。这位毕业于科学高中、后就读于韩国科学技术院的答题者，数学能力是相当厉

---

1 韩国 CJ E&M 旗下的有线电视综合娱乐频道。——编者注

害的。大家对他寄予了很大期待，可他也没能解答出来。问题的正确答案如下：

图 6-3　答案示意图

当然，包括节目制作方在内的很多人，未能解答该问题的原因并非数学能力不够，而是为两个潜意识里的前提条件所误导：第一是"卡片不得重叠"，第二是"卡片不得旋转 45°"。当人们解答这个问题时，会不自觉地被固有的思维模式和默许的前提规则迷惑，因此，只有打破常规者才能解出这道题。

元宇宙是超越现实的空间，所以现实中制约想象力的前提都会被清除。在元宇宙中提供会议服务的企业可以在世界任何地方召开会议，并可以把会议室设在巴黎、纽约、首尔、圣保罗等地。想想看，没有必要仅在现实空间中开会；甚至可以超越常识的局限——海底、火山熔岩旁、《复仇者联盟》（*The Avengers*）中出现的"史塔克"（Stark）大厦、《小王子》（*Le Petit Prince*）中出现的"B612"星球等都可以被设定为会议空间。

打破前提的思维方式在创造性思维的根基上占有一席之地。如果我们要训练创造性思维，必须首先了解这个前提。从逻辑上分析现象、事件、状况和问题后，需要判断这些前提是什么、能否摒弃这些前提。

第六章 "元住民"：元宇宙新经济时代的探险家

通常我们需要进行逻辑性分析练习，而不是只单独学习和研究前提。把握说明、主张、论据等概念并查找出各自的核心，通过这种练习，你将拥有用逻辑分析现象、事件、状况和问题的能力，并且你将清楚地了解限制自己的前提。如果你提出打破前提的方法，那个方法就是创造性地解决问题。创造性的源泉是逻辑性分析，因此，谁的创造性都不是天生的，但无论是谁，都可以开发扩展创造能力。

用"类比法"来创造

有的人天生就具有创造性思维，有的人则不然。但是，不能因为做不到，就让自己陷入想象的瓶颈。实际上人力资源开发领域有许多提高创造能力的训练方法。其中，"头脑风暴法"（Brain Storming）广为人知，即开会时可以在一定范围内不受约束地自由讨论。事实上最近这种"拖网式"的思维推导法因为效率不高，正被人们摒弃，但通过头脑风暴也是可以产生创意的。

"类比法"（Synectics）是将看上去相互没有关联的事物组合起来创造新事物的集体创意生成法，其代表是"孙正义发明法"。日本软件银行集团（Softbank）董事长兼总裁孙正义（Masayoshi Son）是一位成功的投资领域的专家。他20多岁远赴美国留学，为了挣学费一直在打零工。在日复一日疲惫的生活中，他开始思考有没有一天只投资5分钱就能挣钱的方法。后来，他决定尝试一种"类比法"：将一些看起来互不关联的单词随意组合起来，从而找寻灵感、扩充想法。在一年的时间内，他研究出了250多种发明，其中一个创意是将"语音设备""辞典""液晶显示屏"三者结合起来，制成"语音电子字典"并将其商业化。但青年孙正义只有想法，没有技术，于是他找到一个在语音设备研发领域知名的教授，拜托其帮忙制作样品。之后他拿着样品遍访日本的电子公司，50多家公司都不认可这个发明，只有夏普（Sharp）公司认可并以10亿韩元买下了这个创意，正是这10亿韩元成了造就孙正义的第一桶金。

孙正义并不是某一天洗着碗就突然萌生了灵感，而是经过一年多反复试验，摸索出了"孙正义发明法"并付诸商业化实践。如果你想要培养创造能力，不妨从这种"类比法"开始，大胆地进行创造能力练习吧。

4
胜利属于"适应者"而非"征服者"

恐龙为什么会灭绝？关于它灭绝理由的学说不下100种。近年来最有说服力的一种看法是，由于小行星撞击地球引发气候变化，恐龙因无法适应这种变化而灭绝。英国广播公司（British Broadcasting Corporation，简称BBC）曾在2017年制作了一部名为《恐龙灭绝之日》（*The Day The Dinosaur Died*）的纪录片，声称哪怕小行星撞击地球有一分钟的误差，也不会使恐龙灭绝。他们在发生撞击的尤卡坦半岛附近地区的调查报告中证实，一颗直径15千米的小行星以每小时6.4万千米的惊人速度撞击地球，产生了一个长达193千米、深32千米的大坑。由于速度惊人，冲撞瞬间产生的二氧化碳、硫黄等扩散到大气中，覆盖了地球，使气温下降了50摄氏度。恐龙由于无法适应突然而至的寒冬，就这样从地球上消失了。

但是，哺乳类动物就不同了，它们比恐龙体型更小、适应环境变化更快，从而称霸了地球。事实上，恐龙生活时代的哺乳类动物没有超过8千克的物种。但当恐龙灭绝以后，它们的体型迅速增长，快速适应了环境的变化，优化升级。俗话说，不是强者生存下来，而是生存下来的都是强者。也就是说，最适应环境并生存下来的人才是最后的胜者。适应是生存最重要的条件，也是唯一的条件。

人类的社会生活也是如此。有人能很好地融入一个陌生集体，比较容易与他人建立关系。这些人适应社会可分为三个阶段：第一是"识别"，第二是"渗透"，第三是"响应"。接下来，让我们对各个阶段进行详细的分析。

识 别

元宇宙新经济时代即将到来，大多数四五十岁的人第一反应是赞同，但仍掩饰不住不安的神情。智能手机在他们三四十岁的时候出现，现在也仍在使用。但面对最新的元宇宙，他们会担心自己能否适应。听着有关元宇宙引起生活或工作环境变化的故事，他们脸上愁云密布。毕竟60岁以上的朋友现在使用智能手机仍然比较困难，因此这些四五十岁年龄层的人担心自己在元宇宙新经济时代也会被抛弃。

不能适应智能手机的人们，是真的不能理解智能手机性能或是没有能力操作吗？新冠疫情发生之后，在线购物平台的使用率明显提升。疫情初期，许多地区确诊患者多，网上订购暴涨，这导致送货上门的物流服务大乱，还发生了配送延迟的情况。这种爆发式增长是因为原来不用互联网服务的人们使用了这种服务。几年前嫌智能手机太复杂而拒绝使用的那些人，在新冠疫情之下，不得不学习用智能手机进行在线购物。

第六章 "元住民":元宇宙新经济时代的探险家

适应始于察觉到周围的环境正在发生变化。"和往常一样"这个说法可以用"传统"来解释,也可用"固执""落伍"来形容。想想看,习惯说"和往常一样"的人,最大的问题是没有注意到事情正在发生变化。

生活在这个时代的人大部分对智能手机如何改变世界、改变了多少深有体会;目睹了新技术在很短时间内重构了世界面貌和财富分配的人,至少对这个世界的迅速变化抱有共识。

人们无法掩饰对新兴的元宇宙的好奇心。元宇宙不仅是让人们的生活更加便利的新技术,还是一种能够对人们生活方式产生巨大影响和冲击的媒介,它目睹了率先学到先进技术的人是如何成功的。

如果你能够察觉到变化已经开始,并且能够识别出这种变化,我认为你已完全具备了第一个条件。参考曾被脸书视为榜样的赛我网落后于时代的过程,以及最适合移动通信时代的脸书成长为世界性企业的过程,就可以清楚认识到如果不能跟上变化的步伐,将会有怎样的后果。读到这里的朋友,你一定会注意到元宇宙新经济时代正在启动,并且你也可以投身其中。

渗　透

虽然"元宇宙"成为当下的热词,但今后谁会成为元宇宙的主流平台还是未知数。从脸书、照片墙、推特到油管、抖音、色拉布,新平台正如雨后春笋般纷纷冒出。

元宇宙平台上的"引流"竞争将会更加激烈。目前,罗布乐思、恩恩等都是具有代表性的元宇宙,但当脸书这样的巨型企业也开始布局元宇宙时，一定会引发更深刻的改变。

作为用户，现在还很难决定未来要在什么样的元宇宙中生存，所以有必要甄选几个有影响力的元宇宙，实施"章鱼爪"式的管理；这意味着你必须创建一个虚拟形象。

换言之，每个元宇宙都是一个新世界。当然，每个世界的规则会略有不同。如果去外国旅行，你会感受到文化和许多细节的不同，但基本上也有文明互通的部分。所以必须要具备渗透到各个元宇宙细节的态度。为此，我们要首先了解每个元宇宙环境，同时要有大胆使用所学的勇气。放弃你所熟悉的领域，才能自然而然地适应新世界。

1911年发生了家喻户晓的南极探险战争。当然这里的"战争"不是真的战争，而是指代南极探险竞争像战争一样激烈。南极探险的胜者、最先到达南极点的人，是我们熟知的挪威人罗尔德·亚孟森（Roald Amundsen），亚孟森之后是英国人罗伯特·斯科特（Robert Scott）上校。

亚孟森原准备到北极探险，可最先到达北极点的记录被罗伯特·埃德温·皮里（Robert Edwin Peary）抢走，所以亚孟森决定掉转船头到南极。这个选择之所以不容易，是因为同一时期出现了一个竞争者，英国海军上校罗伯特·斯科特。斯科特得到了英国的全力支持，探险队的规模也比亚孟森大很多。斯科特一行有10人，亚孟森一行只有4人；斯科特一行有从英国空运来的马和动力雪橇，亚孟森一行只有在当地找到的狗拉雪橇。

但是，亚孟森于1911年12月14日到达南极点，斯科特到达的时间是1912年1月18日，出发相隔4天，到达却相差一个多月。斯科特原以为自己是南极探险的胜者，结果到达南极点的斯科特看到面

第六章 "元住民"：元宇宙新经济时代的探险家

前插上的挪威国旗，那种失望比南极的寒冷还厉害，斯科特一行在返程途中全部丧生。

对亚孟森的胜利起决定性作用的是"本土化"。与狗相比，马的速度当然快，但那是英国的国情。在南极极端寒冷的条件下，马根本支撑不住。亚孟森最初用来拉雪橇的狗有52只，回来时只剩下了12只，其余的全被抓起来吃了。他们一开始就是这样计划的，减少粮食的重量，为他们带来了轻装优势。

亚孟森穿的衣服是因纽特族人穿的兽毛衣，斯科特穿的是从英国带来的棉纺防寒服。棉纺防寒服在一般天气条件下有防寒效果，可是在零下40摄氏度以下的天气条件下，就不太管用了。他们也是在经历了零下40摄氏度的天气之后才知道这点的。

亚孟森的想法很简单，到南极探险需要适应当地的情况；斯科特在技术上、资金上比亚孟森有优势，还集合了具备专业知识的最优秀人才。然而，在偏远的南极，需要的是最熟悉当地情况的人，而不是学识高的人。亚孟森会滑雪，会驯狗，雇用了能在被冰雪覆盖的海上航行的、经验丰富的水手。

简言之，英国采取的是征服者的姿态，挪威采取的是适应者的姿态。"渗透"始于不盲目跟随、抛弃过去的成功经验，所以本土化的前提条件是灵活思维。成功的企业家开展第二业务或是向新领域扩张时，往往不太成功。这些公司首席执行官往往坚信，"我要按我之前成功的方式行动"。

"渗透"来自对新环境的理解和对不同文化的包容。像当地人一样行动和思考是最有效、最有益的方式，下一步就是将它们结合起来。

来到一个新平台，与其挑毛病，不如观察分析为什么人们要来这个平台寻找乐趣，这样我们就能从自己的观念和思维中解放出来，发展出新观点。有处处失败的策略，但没有处处有效的策略。如果你有100个平台，你就必须有200种应对各种问题的方法。摒弃征服者的姿态，采取适应者的态度。只有先渗透进去，才能征服。

响　应

不应被误解的是，重要的不是顺应元宇宙，而是响应元宇宙。如果止步于渗透进入元宇宙，只是在企业制定的框架内，按照规定顺应地生存下去而已，与只玩游戏的用户没有什么区别。这样即使赚到钱，也只不过是成为元宇宙的诚实劳动者，而不是成功在元宇宙拥有自己的商业和领域。

所以，我们需要"响应"。正如每个平台的特点不同，在响应过程中，不能用千篇一律的方法。根据自己判断的领域，确定响应的程度。重要的是，要有响应的思想。成功人士异口同声给人的忠告是"先开始吧"。确定规划，制定战略，然后慎重开始，是过往时代的成功方式。先开始，查看反馈，再修正，是现在的成功方式。

或许你是因为身边的人们都在讨论元宇宙这个新颖话题，所以才买来这本书了解什么是元宇宙，那么恭喜你已经迈出了第一步。实际上也有一些读者朋友已经进入了某个元宇宙平台，成为会员并在平台上浏览，这是第二步；意外的是，到达这一阶段的人并不多。此外，还有一部分朋友已经迈出了第三步，他们来往于元宇宙平台，是为了探索元宇宙的丰富用途。从这里出发，只要再进一步，就能获得成功的机会。

"再进一步"就是多进行一些尝试。如果你进入了一个卖虚拟化身服装的平台，不妨尝试一下利用平台提供的设计工具制作并销售衣服；如果你进入了一个房地产元宇宙平台，也可以买一块价值一万韩元的城郊地看看；如果你正身处于某个元宇宙社交平台，鼓起勇气尝试与他人搭话吧。诸如此类，重要的是要勇于尝试。

身处于第三阶段时，我们只是参与者；到第四阶段时，就会成为响应者。切记，只有行动起来，才能响应。2021年的现代人生活在"布卡时代——"VUCA"时代，代表着易变性（Volatile）、不确定性（Uncertainty）、复杂性（Complexity）和模糊性（Ambigulty）。"VUCA"时代被用来描述近期变化迅速的商业环境。在元宇宙中，一夜之间从建立到消失的事情能够反复上演，这种变化速度是肉眼无法捕捉的。因此，最重要的是尝试，如果失败了，就修正后再尝试，这几乎是现代社会唯一的成功方式。所以，为了在元宇宙新经济时代取得成功，我们应该开始做点什么了。虽然"开始行动"并不意味着一定会成功，但未来的成功者此刻一定已经开始行动了。

后　记

走进元宇宙新经济时代

"元宇宙"和"虚拟化身"第一次出现在尼尔·斯蒂芬森所著的科幻小说《雪崩》中。近日这本小说被多家媒体频频提及，可真正读过的人很少。你若读过这本书，一定会叹服于这本小说的预见力。在这部写就于30年前的小说中，作者预见到了今天的元宇宙。让我来为你介绍其中的一个片段吧，你可能会怀疑作者是不是乘坐时光机来到了现在，看到了罗布乐思——

"从那时开始，用户开始研发可以方便使用的程序工具。现在坐在电脑桌前，只要连接像积木一样的组成单元，就可以进行编程。"

元宇宙是可预见的未来，却也是不易预测的未来。从大方向来看，元宇宙是可预测的。通过超越空间的会面、连接和互动，获得与现实不同的社会关系和经济机会，这些可以说是未来的发展方向，正如30多年前小说家能够预测的一样。

但是，只确定大方向还不够，因为具体过程还不明显，谁都不知道具体的过程将会如何展开。脸书宣布将积极进军元宇宙，可5

年以后脸书还能保持现在的位置吗？可能会，也可能不会。思考这个问题，就如同思考"始于韩国首尔某个大学宿舍中的元宇宙小组能否掌管元宇宙世界"一样。就像脸书所做的那样，元宇宙将从空间、时间、技术和费用等方面提供开放型机会。

工业社会以后出现的互联网彻底改变了人与人之间的连接方式，这种革命性变化大约持续了一两百年。后续登场的移动互联网多少让人与人之间的连接方式发生了改变，近乎互联网的升级版本。在此之前，被移动互联网改变的连接方式大约持续了30年。

元宇宙将改变连接人们的模式，这将是该版图的巨大变化，且将在极短时间内迅速实现。我们现在的社会与工业社会不同，后者将获取巨额资金和长久基业作为成功的条件。重要的是"尝试"，尝试、反应，然后修正或是撤出。在这个过程中所领悟到的，就是成功的条件。这样看来，很多尝试将存在很短时间，由此导致的失败不计其数。成功是与失败成正比的。

回望不那么遥远的历史，因为不确定前景100%光明而没能在加密货币、房地产、股市中抓住机会的人，可能会惋惜"错过了那时的机会"。可凡是充满未知的未来，都充满了不确定性。因此，过去错过机会的人，这一次还是有可能错过。对茫然的恐惧和难以应对变化的懒惰阻挡了我们大胆尝试的道路。

尽管不一定是100%的光明与稳定，但在元宇宙新经济时代，将有100%的机会。因为拥有庞大信息和资本力量的全球性企业都在议论元宇宙，他们的资金也正在流向元宇宙。

在这里，仅用少许资本和信息就可以进行尝试的空间是充足的。这是一个开放的市场，是革命开始时的机遇。我们是选择在10年后后悔"那时就应该抓住机遇",还是选择过着相信"一切选择都是最好的安排"的无悔人生？这将取决于我们今天的行动如何。衷心希望阅读本书的读者朋友们，可以紧紧抓住元宇宙新经济时代无限扩展、生机勃勃的商业机遇，成为一名成功且幸福的"元住民"。

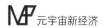 元宇宙新经济

元宇宙新经济——技术、产业与商业机遇（典型案例）

- 平台
  - UCC 沙盒
  - 社交网络服务
  - 元宇宙游戏
  - 房地产交易
  - 团队协作
  - 宅家运动
  - 粉丝运营
- 软件技术
  - 引擎
- 硬件技术
  - 虚拟现实
  - 增强现实
  - 触感服装
  - 跑步机
  - 系统
  - 图像
  - 基础设施
- 非同质化代币
  - 交易网站
- 全球顶尖企业如何布局元宇宙
  - 苹果
  - 微软
  - 亚马逊
  - 谷歌
  - 脸书
  - 腾讯
  - 阿里巴巴

注：名称后带"★"者中译名暂无官方确认版本，为本书译者、编者添加。

附表

罗布乐思 / Roblox（Roblox 公司）；迪托大陆 * / Ditoland（Utplus 公司）	
崽崽 / Zepeto（Naver 公司）；地平线 / Horizon（Facebook 公司）；如果岛 * / Ifland（SKT 公司）；虚拟现实转换空间 * / AltspaceVR（Microsoft 公司）	
《堡垒之夜 / Fortnite》（Epic Games 公司）；《集合啦! 动物森友会 / Animal Crossing: New Horizons》（Nintendo 公司）；《我的世界 / Minecraft》（Microsoft & Mojang Studios 公司）；《英雄联盟 / League of Legends》（Riot Games 公司）	
分布式大陆 * / Decentraland；高地 * / Upland；地球 2 / Earth 2；兹洛 * / Zillow	
空间 * / Spatial（Spatial 公司）；集镇 * / Gather Town；无线网格网络 / Mesh（微软公司）；对立面 * / Frontis；狂野 * / The Wild；无限办公 * / Infinite Office（Facebook 公司）	
兹威夫特 * / Zwift（Zwift 公司）	
我宇宙 * / Weverse（Naver & HYBE & YG 公司）；联宇宙 * / Universe（NCsoft 公司）；亲爱的泡泡 / Dear U.Bubble（S.M. & JYP 公司）	
虚幻引擎 / Unreal Engine（Epic Games 公司）；联合游戏引擎 * / Unity（Unity Technologies 公司）；苏美尔人 * / Amazon Sumerian（Amazon 公司）	
奥克卢斯任务 * / Oculus Quest（Facebook公司）；HTC维尔福虚拟现实头显 * / HTC Vive（HTC & Valve公司）；游戏站 * / Playstation（SONY公司）	
全息镜头 / HoloLens（Microsoft公司）；苹果AR眼镜（Apple公司）	
特斯拉套装 / Tesla Suit（Tesla Suit公司）；VR触感背心 / Tack Suit（Bhaptics公司）	
VR 跑步机	
亚马逊云科技（Amazon公司）；甲骨文（Oracle公司）	
英伟达（NVIDIA）	
SKT；KT Corp；LG Uplus	
创造空间 * / Craftspace（Ground X公司）	
投资基于苹果智能手机（iPhone）、苹果平板电脑（iPad）等设备的 AR 研究，致力于苹果 AR 眼镜的研发	
推出 MR 头显（HoloLens）；打造 VR 社交软件（AltspaceVR）；开发沙盒游戏平台《我的世界 / Minecraft》	
构建提供元宇宙服务的服务器、云、网络等基础设备	
元宇宙内的应用程序结算	
改名为"Meta"，宣布转型为元宇宙企业，组建专门的元宇宙部门，扩充技术力量，普及"奥克卢斯"（Oculus Quest）等设备	
计划推出元宇宙游戏，腾讯音乐娱乐集团宣布投资 VR 演出服务商"Wave"并达成战略合作	
开拓元宇宙商业，公司云计算项目	